现代高校足球运动理论与技战术技巧研究

车岳峰　著

中国纺织出版社

内容提要

足球作为世界第一运动已成为广大人民群众生活中不可或缺的一部分。本书首先介绍了足球运动的起源、发展、任务、要求、作用、价值等基本理论内容；然后从高校足球运动的教学、训练、运动与保健等各个方面进一步全面阐述足球运动的相关内容；最后从实践的角度出发，重点加强对学生技战术的教学。结合理论，注重实践，希望在理论和实践的指导下为我国足球事业的发展提供强有力的支持，本书的目标人群为高校在校大学生。

图书在版编目（CIP）数据

现代高校足球运动理论与技战术技巧研究 / 车岳峰著 . —北京 : 中国纺织出版社 , 2018.2

ISBN 978-7-5180-3628-8

Ⅰ. ①现… Ⅱ . ①车… Ⅲ . ①足球运动—运动训练—教学研究—高等学校 Ⅳ . ① G843.2

中国版本图书馆 CIP 数据核字（2017）第 119261 号

责任编辑：武洋洋　　责任印制：储志伟

中国纺织出版社出版发行

地址：北京市朝阳区百子湾东里 A407 号楼　邮政编码：100124

销售电话：010-67004422　传真：010-87155801

http：//www.c-textilep.com

E-mail：faxing@e-textilep.com

中国纺织出版社天猫旗舰店

官方微博 http：//www.weibo.com/2119887771

虎彩印艺股份有限公司印制　各地新华书店经销

2018 年 2 月第 1 版第 1 次印刷

开本：710 × 1000　1/16　印张：13

字数：232 千字　定价：57.00 元

前言

中国正在飞速发展，人民的生活水平也在不断提高。作为世界第一人口大国，中国各方面都开始慢慢走到世界前列，这也是我国人民最为自豪的一件事。足球运动是世界第一大运动，受到了世界各国人们的喜爱，但是作为世界第一人口大国的中国，即使国民给予了足球很大的关注度，但是我国足球运动水平较世界强国还有很大差距，这是令很多国人失望的重要原因。虽然很多人对于这种现象正在做着自己的努力，但是我国足球事业的发展还是没有能够达到令人满意的水平，鉴于这一情况的存在，特撰写《现代高校足球运动理论与技战术技巧研究》一书，从高校足球运动的提高入手，以期使我国足球早日走出现状。

本书大致分为两个部分，第一部分为第一至第五章，该部分主要从理论的角度对足球运动的各个方面进行了阐述，第二部分为第六章和第七章，该部分主要从实践的角度为大家重点阐述了足球运动的技战术以及守门员的技战术，具有较强的实用价值。第一章主要是足球运动概述，主要包括世界第一运动——足球以及足球运动起源发展两方面的内容，第二章主要讲述的是高校足球运动理论与教学，主要包括足球运动的特点与价值、高校足球运动的教学理论；第三章主要讲述的是现代足球科学训练理念及运用，主要内容包括现代足球教育性训练理念的运用、现代足球战略性训练理念的运用、现代足球操作性训练理念的运用；第四章主要讲述的是足球运动与保健，主要内容有足球运动的损伤与防治、运动性疲劳与消除疲劳、足球运动员营养；第五章主要讲述的是现代足球训练科学评价的理论与方法，主要内容包括足球运动员体能素质的评价、足球运动员基本技能的评价以及足球运动员的自我评价；第六章主要讲述的是高校足球运动技战术技巧研究，主要包括高校足球运动技术研究和高校足球运动战术研究；第七章主要讲述的是高校足球守门员技巧研究，主要内容有高校足球守门员技术研究以及高校足球守门员战术研究两个方面的内容。

总体上来说，本书逻辑清晰，内容丰富，具有非常重要的理论价值和实践价值，理论的发展最终是为了指导实践，希望本书能够在人们探索高校足球运动的道路上尽到微薄之力。

本书在撰写过程中，对前人有关高校足球运动的资料进行了借鉴，在此对其作者表示诚挚的谢意。由于时间仓促，水平有限，书中难免会有遗漏不妥之处，恳请广大读者朋友批评指正。

作者

2017 年 5 月

目录

第一章　足球运动概述 …… 1

第一节　世界第一运动—足球 …… 1

第二节　足球运动起源发展 …… 3

第二章　高校足球运动理论与教学 …… 6

第一节　足球运动的特点与价值 …… 6

第二节　高校足球运动的教学理论 …… 9

第三章　现代足球科学训练理念及运用 …… 36

第一节　现代足球教育性训练理念的运用 …… 36

第二节　现代足球战略性训练理念的运用 …… 51

第三节　现代足球操作性训练理念的运用 …… 56

第四章　足球运动与保健 …… 65

第一节　足球运动的损伤与防治 …… 65

第二节　运动性疲劳与消除疲劳 …… 73

第三节　足球运动员营养 …… 83

第五章　现代足球训练科学评价的理论与方法 …… 93

第一节　足球运动员体能素质的评价 …… 93

第二节　足球运动员基本技能的评价 …… 101

第三节　足球运动员的自我评价 …… 111

第六章　高校足球运动技战术技巧研究………………………… 117
　第一节　高校足球运动技术研究………………………………… 117
　第二节　高校足球运动战术研究………………………………… 148
第七章　高校足球守门员技巧研究………………………………… 176
　第一节　高校足球守门员技术研究……………………………… 176
　第二节　高校足球守门员战术研究……………………………… 187
参考文献………………………………………………………………… 200

第一章　足球运动概述

足球运动是目前体育界最有影响力的运动，以脚支配球为主，但也可以使用头、胸部等部位触球（除守门员外，其他队员不得用手或臂触球）。它是两个队在同一场地内进行攻守的体育运动项目。一场精彩的足球比赛能够吸引成千上万人的眼球，同时也成为电视或网络转播的重要盈利点，关于足球比赛的报道在体育领域中占据了很大的板块，很多人也已经习惯了有足球陪伴的生活，特别是男性观众，对足球的热爱更加狂热。

第一节　世界第一运动——足球

足球之所以被称为世界第一运动，是因为它的独特性为其他任何运动项目所不及。我们都知道，如今许多人都以足球运动为业余爱好。所以，我们有必要了解足球运动的概况。本节就对足球运动的一些基本概念与知识进行简要阐述。

一、运动的精华

足球的本身集合了人类各项目运动的特点，运动员之间的突然起动，竞跑争顶，守门员横扑侧救，上纵下跳，运动员的倒挂金钩，鱼跃冲顶，两个运动员之间的合理冲撞，都充分展现了短跑、跳跃、体操、橄榄球等项目的特点与美。

二、大众化

足球运动之所以能够在大众群体中得以普遍流行，其中最为重要的原因就是足球运动对于参与者的硬性要求并不是很高，在足球运动中对于参与者的身体、身材等方面要求相对宽松，并不会像其他运动一样，比如篮球运动对身高有一定的要求，橄榄球运动则需要身体强壮的人参加。足球运动的参与者涵盖了全世界所有足球运动的爱好者，给每一个人都提供了一个成为世界巨星的平等机会。

三、不可预知性

在足球场上，什么样的情况都有可能发生，比赛的结果具有很大的不确定性，这也是全世界球迷为之疯狂的一个重要原因，在足球的世界里，没有绝对的强队，也没有绝对的弱队。在世界级的比赛中，以弱胜强的比赛数不胜数，奥运会比赛中，具有众多球星的巴西队就曾经被名不见经传的日本队击败过，一直以足球见长的意大利队也被朝鲜队击败过，所以足球的世界里，不到比赛结束的时刻，任何情况都是有可能发生的。

四、球星表现

足球场上英姿飒爽的诸多足球巨星是使足球运动成为“世界第一运动”的不可忽视的原因。英俊、大将风度、豪放等等球星的出色表现，造就了数以万计的疯狂的男女球迷。

五、艺术性

足球是球星智慧的比拼。出人意外的假动作、赏心悦目的过人、非常规动作的射门，竞技的艺术令人着迷。

六、环境

球迷就像食客，对足球这一道丰富大餐，享受起来要有气氛。热闹、大气、壮观，这些足球场都具备了。比起其他项目比赛场面，宽阔的绿茵场上看起来更是气势宏伟和激动人心。

七、自由

十几万的球迷一起互相影响，为各自崇拜的球队和球星呐喊助威、起哄甚至宣泄自己的情绪，足球给球迷们提供了这样一个热闹的场所。

八、争议性

足球运动具有很大的争议性，正是这种争议性才使得足球运动自身拥有这么强大的吸引力，在进行足球比赛的时候，场上裁判在一定程度上把控比赛的节奏和走向，在队员犯规的时候，不同的裁判员会有不同的判罚结果，如果所有裁判都按照比赛手册机械地吹判，足球比赛将在很大程度上失去现有的魅力，同时，正是有了不同的吹判标准才使得足球运动拥有更大的争议和吸引力。

第二节　足球运动起源发展

提到足球运动，那么就不得不提其起源与发展。下面，我们主要围绕这部分内容进行具体阐述。

一、足球运动的起源

实际上，足球运动起源于中国，且历史悠久。这一点已被2004年国际足联正式颁布的文件确认。在我国古代，足球运动就是“蹴鞠”，与现代足球运动不存在太多共同点。

英国，是现代足球的发源地。19世纪60年代中期，在伦敦成立了英格兰足球协会，这是世界首个足球运动组织。同时，还统一了比赛规则。

1865年，职业足球的合法性被英足总承认。所以，职业俱乐部与职业联赛出现于英国，现代足球运动便由此开始发展。

二、足球运动的发展

（一）世界足球运动的发展

1865年，英国产生了现代足球运动，后来它被传入多个国家。

1868年，传入非洲。

1870年，传入澳大利亚。

1893年，传入南美洲。

1894年，传入巴西。

所以，足球运动从现在来看，已经被传入世界各个国家。每个国家的人民都十分热衷于这项运动。

多年来，足球运动的技术与战术不断得到补充与完善。

1846 年，剑桥大学制定了《剑桥大学规则》，以适应英国各学校的足球比赛。

1863 年召开的伦敦会议，修改了《剑桥大学规则》，并制定了最早的足球竞赛规则。随着时间的推移，足球竞赛规则越来越完善、规范，而且还发展了足球运动基本技术。

当今的足球运动的发展十分迅猛，这在很大程度上归功于足球运动组织。1863 年后，足球协会成立于一些欧洲国家。1904 年，总部位于苏黎世的国际足球联合会成立。不难看出，这意味着足球登上了国际舞台，朝着国际化的方向快速发展。所以，我们可以得出一个结论：足球运动组织的产生，推动了足球运动的发展。

足球比赛的进行，是足球运动发展的重要体现。1872 年，英格兰与苏格兰之间进行了一次足球比赛，这是足球运动史上的第一次正式比赛，即泛英足球比赛。如今各国之间或各国内部经常举办足球运动比赛，很多热爱足球运动的人都去现场观看比赛，为运动员们加油助威。可见，足球运动的蓬勃发展，与这些比赛息息相关。国际足联于 1928 年发表了一个具有深远影响力的决定：每四年举行一届世界足球锦标赛，并设立了金女神杯（流动奖杯）奖给冠军；三次夺得冠军的国家队，可永久保留此杯。巴西队曾卫冕三次冠军，于是永久保留此杯。在这里，我们需要强调的一点是，世界足球锦标赛就是现在的世界杯。现在世界杯的奖杯不再是金女神杯，而改为“大力神杯”，它被规定永久流动。迄今为止，世界杯足球赛共举行了 20 届。下一届将在俄罗斯举行，时间是 2018 年。

总而言之，足球比赛的不断举行，使足球运动朝着更好的方向发展，增强了其影响力。随着时间的推移，足球运动不断发展，越来越职业化。许多国家都举办了足球职业联赛，如英超、西甲、德甲，等等。由于足球运动的国际影响力越来越强，足球明星运动员的不断涌现，所以它在未来仍然会保持强大的生命力。

（二）我国足球运动的发展

20 世纪初期，足球运动传入我国。当时，许多高等院校会组织一些足球运动。虽然如此，但由于旧中国政治动荡，社会经济落后，我国的足球运动发展得比较迟缓，也没有西方足球运动那么高的水平。

自 1951 年以来，党和政府对足球事业的重视程度日趋提高。其间，我国发生许多足球方面的大事。为了使各位读者更好地认识这部分内容，我们制作了图 1-1-1。

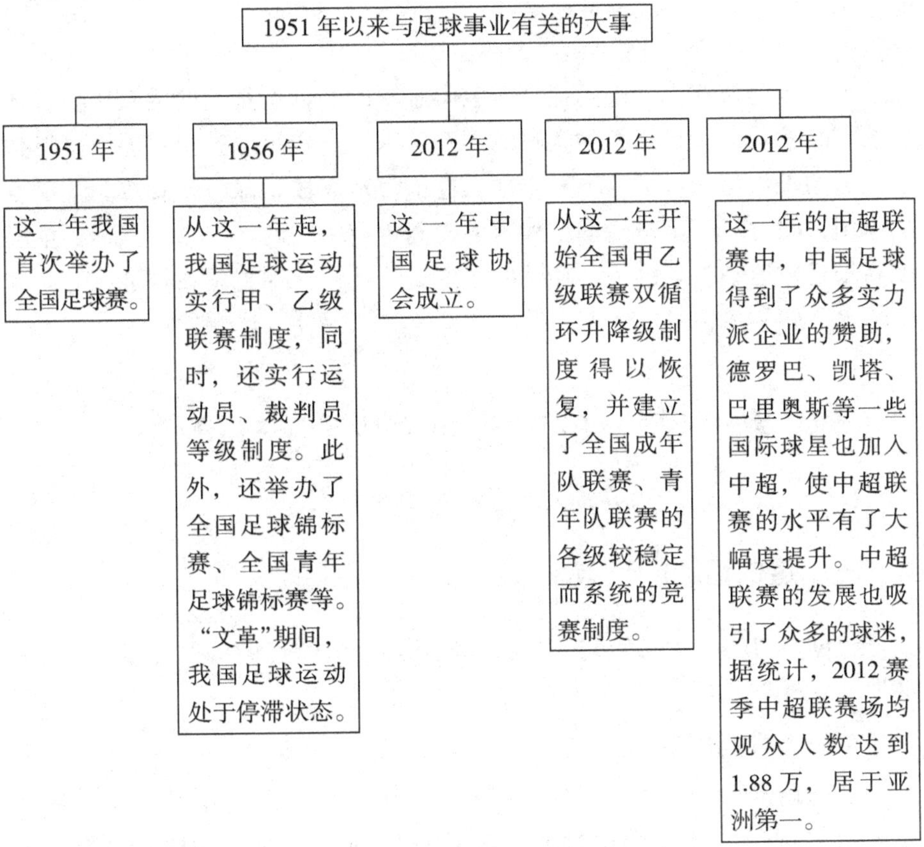

图 1-1-1

与国际水平相比较，我国足球运动水平相距甚远。虽然我国足球运动水平亟待提高，但这并不意味着我国没有在这方面取得成绩。1996 年，中国女子足球队在第 26 届奥运会上获得亚军，1999 年，又在第 3 届世界女子足球锦标赛冠军争夺战中点球惜败于美国队。2002 年，我国男子足球队首次打入世界杯决赛阶段的比赛，实现了足球冲出亚洲、走向世界的美好愿望。近些年来，我国的足球队在国际赛场上没有太好的表现，这阻碍了我国足球运动的发展。因此，如何提高我国足球运动的水平，成为一个亟待解决的问题。

第二章　高校足球运动理论与教学

足球运动技战术水平的提高与教学水平的高低有很大的关系，随着社会的不断发展以及足球教学实践的不断深入，高校足球教学的理论也得到了长足的进步与内容上的不断丰富，这不仅对高校足球教学有着非常重要的作用，同时对于足球运动技战术的提高也有一定的促进作用。本章主要就高校足球运动教学的一些相关内容进行论述，旨在提高高校足球运动的教学水平。

第一节　足球运动的特点与价值

一、足球运动的特点

经过长期的分析与研究，我们对足球运动的特点做出了总结，主要归纳为以下六个方面。

（一）对抗性

足球运动具有显著的对抗性特征。其原因在于，比赛双方只有争夺球权并进球，才能取得胜利。在罚球区附近，双方对球的争夺会更加凶猛。在多数比赛中，双方队员由于争夺球权会多次倒地，大约有200次。

（二）观赏性

在现代足球比赛中，其过程往往扣人心弦，赛果发展难以预料，难度较大，主要表现在三个方面。为了使各位读者能够更好地了解这部分内容，我们制作了图2-1-1。

由于双方对抗十分激烈，很难预料最后谁会获胜，因而对观众而言，是非常惊心动魄、扣人心弦的，具有极强的观赏性。

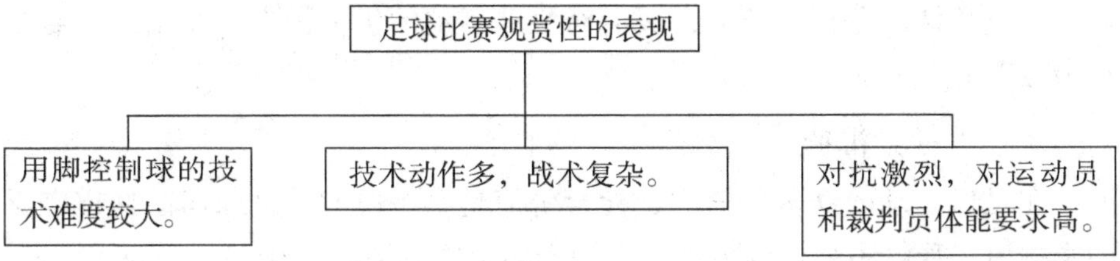

图 2-1-1

（三）整体性

我们或多或少地了解到，整体的攻守会对取得比赛主动权、比赛结果起到助益作用，否则是不会取得理想成绩的。足球队中的所有成员在比赛中，务必要有一致的思想与行动，否则就不会增强整体的参战意识，也不会对比赛成绩的提高起到帮助作用。

（四）多变性

由于足球运动是一种难以预测的非周期性运动项目，所以受到了大众的欢迎与青睐。足球运动员在赛场上往往会受到对手的干扰、抵抗，除此之外，还会受到其他因素的影响，所以比赛结果是很难预料正确的。因此，多变性成为足球运动的主要特点之一。

（五）艰辛性

足球运动对运动员的身体素质有很高要求，因为比赛时间是 90 分钟，在这段时间内，运动员要不断地奔跑，而且还要完成许多技术动作。如果出现点球的情况，那么会使运动员更加劳累。由此可见，在一场足球比赛中，运动员要消耗非常多的能量，对其体能是一个考验。据相关统计数据表明，足球运动员在经过一场比赛后，会减少 1~2.5 公斤的体重。

（六）易行性

除了以上五个特点以外，还有一个特点需引起我们的重视，即易行性。足球运动的易行性在于，其规则简单，没有要求太高的器材设备、人数限制，所以比较容易开展。

二、足球运动的价值

除了足球运动的特点以外，足球运动的价值也是我们在这里重点谈论的内容。下面，我们主要围绕这部分内容进行具体阐述。

经过长期的分析与研究，我们对足球运动的价值做出了总结，主要归纳为以下五个方面。

（一）社会价值

在足球运动的众多价值中，社会价值是第一位的。足球运动具有广泛的影响力，受各国公众的关注，它的影响范围越来越广泛。

众所周知，足球比赛能带来许多好处，如传播友谊，展示民族精神风貌，加强国际的文化交流，为世界和平做出贡献，等等。如今，全民健身运动越来越盛行，足球赛事也越来越多，这对健康文明、民主和谐社会环境的创造起到了重要的促进作用。对于大学生而言，社会适应能力能够通过经常参加足球运动来得到提升。

（二）经济价值

随着时代的进步，社会的发展，足球运动逐渐朝着职业化、产业化发展，所以它能够带来可观的经济利益。足球产业受到许多欧美国家的重视，因为它能通过彩票、广告、电视转播等形式带来极为可观的利润，而且促进了足球资源、中介服务等市场体系的形成。另外，许多就业机会都是由足球运动的开展而提供的，形成了球迷市场，且其空间广阔，任商家开拓。由此可见，它能够在很大程度上推动国民经济的蓬勃发展。

（三）文化价值

实际上，通过足球运动，人们可以看出该民族的内涵与文化。可以说，它是民族基本特征与精神风貌的重要体现。

显然，足球运动含有丰富的民族文化内涵，民族文化是促进足球运动风格形成的重要因素，也是最基本因素。

（四）健身价值

健身价值是足球运动价值中比较明显的一个。其原因在于，在足球运动过程中往往会消耗运动员很多的热量。据相关研究表明，经常参加足球运动的人，其身体素质比较高，且运动系统（肌肉、骨骼）、内脏器官系统（心血管系统、呼吸系统、神经系统）的功能较强。故而常参加足球运动的人的健康水平比较高，体质较强。这也是很多人提倡足球运动的主要原因。

（五）教育价值

除了以上四个价值以外，足球运动还有一个价值需引起我们的重视，即教育价值。其实，足球运动是一种特殊的教育形式，这一点可能对足球不太了解的人不容易发现。由于足球比赛的局面具有多变性、复杂性，且攻守转换比较频繁，所以运动员能培养诸如注意力、思维能力、时间感知等心理品质，以及集体主义精神、拼搏进取的意志品质等。

第二节　高校足球运动的教学理论

足球运动始终处于不断发展状态之中，现代足球在我国逐渐普及以后，我国高校足球运动的对抗性日益激烈，技战术水平不断提高，技术动作和战术技巧也愈加复杂。所以今天的高校足球训练比以往任何时候都需要科学合理的训练方法，以不断适应不断发展的足球运动。掌握足球训练的基本理论，对大学生科学地进行足球训练，提高竞技水平具有重要的指导意义。

一、高校足球运动教学与训练现状

（一）高校足球运动教学现状

教学目标、教学内容、教学方法以及教学评价现状，是高校足球运动教学现状的主要表现。下面，我们主要围绕这四者进行具体探讨。

1. 教学目标现状

如今，高校足球运动教学的目标存在一些缺陷，主要体现在以下三个方面。

（1）目标缺乏清晰、明确的文字说明

迄今为止，即使现在很多高校的教学目标中都会涉及身体素质、技能培养以及相关知识的传授等内容，但是在世纪的操作当中却因为缺乏一些相关文字的说明而被忽略，以下两个方面更能说明这个问题。

①首先就是缺乏指标性描述，这种描述并不能判定教学任务的完成度，在一定程度上就使得教学目标会失去一定的对于教学进程的指导作用。

②其次就是对于教学的结果没有一个相对明确的说明，师生之间更是不能够达成有效的交流，这也会对教学目标的实现产生较大的阻碍作用。

从大体上来讲，足球教学目标包括基本理论知识、身体锻炼方法、足球竞赛规则等方面。但是教学工作也没有具体指明当目标实现之后到底应该怎么做，在一定程度上讲也就说明这些目标的设置有一定的模糊性。

（1）目标缺乏系统性

目标单一，缺乏系统性，是高校在制定足球教学目标方面的缺陷。通常，理论教学、技能教学属于足球教学过程的内容；足球教学又可分为三部分，即知识传授、技能传授和思想品质。这些都应被统一在完整的足球教学过程中。

学生与教练在教学过程中要互动好；另外，还要密切结合知识传授、技能传授和思想品质教育，其原因在于，这三者直接有着不可分割的关系，且互相影响。只有做到这些，才能更加顺利地开展教学，否则结果可想而知。为了保证目标更具系统性，应分层次、分阶段地提出目标，并将所有教学目标统一在具体的教学目的下。

（2）忽视终身体育教育

目前，许多高校对终身体育教育的重视程度不够高，所以国家提出了新的教学目标[①]。所以，高校足球教学目标设置主要以结合国家意志与教学实际、制定适合的目标体系。突出足球专项的运动特点，应成为制定足球教学目标时的重点。并且，应选择对培养学生终身体育意识的课程标准作为教学目标。

2. 教学内容现状

如今，高校足球运动教学内容存在一些弊端，主要体现在三个方面，具体如下。

（1）教学顺序不够科学、合理

先技术、后战术，往往是高校足球教学内容的顺序。虽然这种教学顺序体现了从易到难的原则，但无法体现以下几个方面的内容。

①技术与战术之间的联系。

②不同的战术对技术的具体要求。

③足球比赛的实际情景。

由此可见，这种类型的教学内容安排绝对不会让学生产生积极向上的学习兴趣，参与运动的兴致也不会很高，在一定程度上失去了学习与运用

---

① 国家提出新的教学目标为：“全面发展学生素质、促进学生健康成长，培养终身体育。”

的系统性。假如我们长期使用这种方式进行教学，不仅会降低学生的学习兴趣和运动及战术水平，而且还会使得学校的教学计划毁于一旦。

（2）教学内容与教学对象不配套

高校足球运动教学的内容通常情况下都是针对于专业足球运动员而言的，一般情况下高校学生对于足球运动的了解程度还不够，直接进行专业的技战术训练，肯定会出现一定的偏差，基于这一点考虑，在进行足球运动教学的时候，应该将足球的技术与战术教学工作进行相应的调整，使其能够与高校足球教学的目标相吻合。

（3）教学内容缺乏趣味性

除了以上两点以外，还有一点需要引起我们的注意，即教学内容缺乏趣味性。在高校足球教学中，其内容往往缺乏趣味性。不容置疑的是，这导致了学生无法积极地学习，使教学质量大打折扣，主要体现在四个方面。为了使各位读者更好地了解这部分内容，我们制作了图 2–2–1。

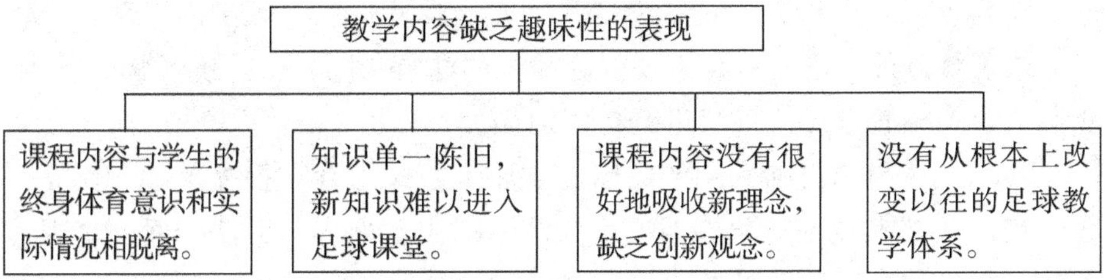

图 2–2–1

3. 教学方法现状

如今，我国高校足球运动教学方法存在一些弊端，主要体现在三个方面，具体如下。

（1）缺乏针对性

一直以来，高校足球教学课采用的都是以教师为主的教学方法。显然，这是一个传统的教学方法，已无法跟上时代的脚步，导致学生足球技术的提高变得越来越困难。在这种传统方法下，教师对所有学生的传授方法都一样，做不到因材施教，缺乏针对性，所以无论基础好与不好的学生，其技术水平都得不到提高。应及时改变这种不合理的教学方法。

（2）忽视学生的全面发展

在高校足球教学过程中，不仅要考虑技战术、技能传授，还要考虑学生的身心发展特点和规律，选择适合他们的教学方法。但是，有些教师忽略了学生的个体差异，往往对所有学生采取同一种教学方法。显然，这对许多学生而言是消极的，且收不到很好的效果。

所以，教师要根据不同学生的特点来选择真正适合他们的教学方法，帮助他们在足球方面朝着更好的方向前进。

（3）没有充分发挥育人功能

除了以上两点以外，还有一点需要引起我们的注意，即没有充分发挥育人功能。在高校足球教学中，只有选择能够体现育人功能的教学方法，才能使学生真正地喜欢上足球课。然而，如今的高校足球课的教学方法缺乏这一点。所以，很多学生都不能主动地投入足球运动之中。

如果妥善处理好足球教学方法与目标、内容之间的问题，那么教学方法就能发挥出最大的效用，充分体现出育人功能，使教学效果得到真正意义上的提高。

（4）教学评价现状

在高校足球运动教学现状中，除了教学目标现状、教学内容现状、教学方法现状以外，还有一点需要引起我们的注意，即教学评价现状。下面，我们主要围绕教学评价现状进行具体阐述。

实际上，我国目前采用的足球教学评价方式[①]存在很多弊端。仅靠一次课将两项基本技术的掌握情况作为测试的主要内容，无法全面、客观地反映出学生的表现。除此之外，这种评价方式无法反映教师的教学能力。显而易见，这种方式很不科学、合理，不存在公平性。

在教学效果评价方面，现行的教学评价体系忽视了学生的特长、目标、兴趣，评价内容、形式过于简单。一些方法可以解决这些问题，即由运动技能单一型评价向综合体育素质评价、终结式评价向过程式评价、绝对性评价向个体相对性评价转变，以及评价方式方法的多元化。

价值判断，应成为对高校足球教学进行评价的重点内容。以往，总是以对现象的客观描述与对事实的判断为评价的重点。经过长期的实践，教育工作者都产生了一种想法：它存在局限性。为了避免这种局限性，应结合量化评价与质性评价，并从这两种方法上考虑评价指标体系的确立，从而建立新的评价体系。

---

① 目前，我国高校足球教学普遍采用的评价方式为：选择一两项足球技术作为考试的内容，依据学生在考试时运用这两项技术的大体情况，给学生打出相应的分数；再加上教师以学生平常出勤情况、课堂表现等形式给的印象分，两者相加就成为对学生整个学习过程的评价。

总之，我国高校足球教学在不同方面都存在问题，需要广大教师探究解决相关问题的方法，以提高足球教学效果。

（二）高校足球运动训练现状

在本节内容中，除了教学现状以外，高校足球运动训练现状也是我们在这里的重点讨论内容。

谈论过高校足球运动教学现状，我们将对高校足球运动训练现状做出探讨。我们对其概括为四个方面，具体如下。

1. 缺乏高水平的足球教师

若想提高高校足球训练的水平，那么需要高水平的足球教师，这一点是毋庸置疑的。然而，我国大多数足球教师没有那么高的水平，而且缺乏训练经验，这阻碍了足球课堂训练水平的提高。为了使各位读者更好地了解这部分内容，我们制作了图 2–2–2。

我国足球教师水平不高的主要表现

教师缺乏足球基本理论知识。在进行足球训练时，教师要掌握必要的足球理论知识，如足球运动实践经验和足球专项训练理论知识等。令人遗憾的是，大部分足球教师对足球训练的认识并不深刻，无法充分调动学生参与训练的主动性，进而使高校足球训练效果大打折扣。

教师对学生足球训练的指导不足。目前，在各高校中开展足球课的一般教学程序，就是教师首先对足球技术与战术进行讲解，然后组织学生参与训练。在足球训练过程中，大部分时间都是学生之间的交流，没有与教师形成有效的互动。这意味着教师对学生技战术训练的指导不足，无法很好地促进学生技战术水平的提高。

图 2–2–2

2. 缺乏必要的理论指导

理论指导在一定程度上能够反映出足球运动训练的规律，使学生能够在遵循足球训练规律的条件下进行相应的训练，这对于高校学生快速掌握足球运动的技术与战术具有非常重要的帮助作用。

但不容乐观的一点是，我国许多足球老师没有扎实的足球理论基础，这必然不利于学生训练的顺利开展。同时，高校在提高足球训练理论水平方面，对足球教师还缺乏必要的引导。所以，学生训练水平不会有较快的提高。

3. 足球竞赛活动偏少

如今，许多高校只注重足球的训练，而忽视了足球竞赛活动的开展。大部分高校高水平足球队往往处于“只练不赛”的状态，这影响了训练的积极性。其原因在于，学生一直处于没有比赛压力的氛围之中。

4. 对课余训练重视不够

除了以上三点以外，还有一点需要引起我们的注意，即对课余训练重视不够。下面，我们主要围绕这部分内容进行具体阐述。

在我国，许多高校意识不到课余训练的重要性，以及它起到的作用。现今，多数高校依旧以课堂传授为足球教学的唯一手段，而课余训练只是让学生自己训练。不容置疑的是，这无法提高学生的训练水平，而且教学效果也不会达到预期。针对这些弊端，各高校应积极采取措施解决，即在课余时间，多组织比赛来调动学生的积极性。

总之，我国高校足球教学与训练存在一系列问题，需要我们积极寻找措施并加以解决。为了改善这些问题，我们提出并总结了五个方面的建议。为了使各位读者更好地了解这部分内容，我们制作了图 2–2–3。

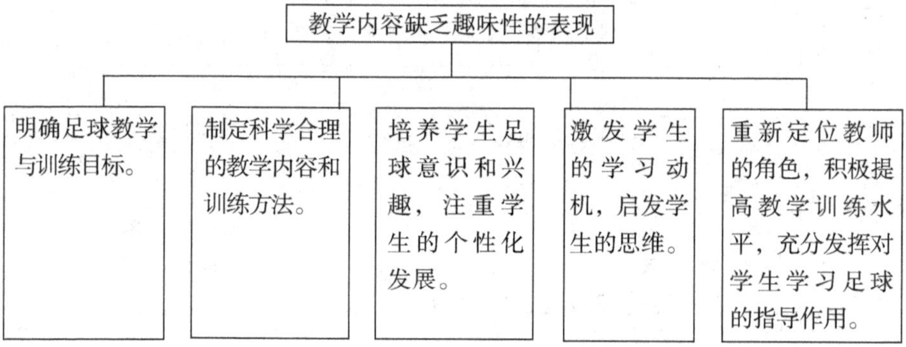

图 2–2–3

二、高校足球训练的原则与方法

（一）足球训练的基本理论及一般原则

高校足球训练要遵守足球训练的一般原则，以一套训练的理论作为依据。足球运动有着它自己的客观规律，高校足球运动员也有其自身的实际情况，教练员依照这些客观规律和实际情况制定出合理、科学的训练计划，能为高校足球球队整体的技战术水平、运动员个人身心素质的提高起到积极的作用。实际上，高校足球训练过程是一项从简到繁、从易到难、从量变到质变的积累过程，是一项科学全面的系统工程。高校足球运动员想要达到理想的运动效果，就必须遵守一些基本原则，这些基本原则是人们在长期的足球运动实践中经验的总结，是足球运动客观规律的反映。

因此，要想取得符合预期的训练效果，就要遵循这些原则。经过长期的实践与探索，人们逐渐总结出了高校足球训练的原则，主要包括：区别对待原则、训练与比赛相结合原则、“三从一大”原则、周期性原则、适宜负荷原则等。下面就对这些足球训练的原则做具体的阐述。

1. 合适的负荷原则

在高校足球训练过程中，遵守这个原则具有重要意义，因为这能在很大程度上影响着训练的最终效果。合适的负荷原则指的是，在进行训练的过程中高校足球运动员要根据训练要求、训练水平和训练任务，在各个训练环节中科学合理地逐渐加大运动的负荷量，直至达到其所能承受的最大运动负荷量。在具体训练的过程中，要充分注意到下面两点（图 2-2-4）。

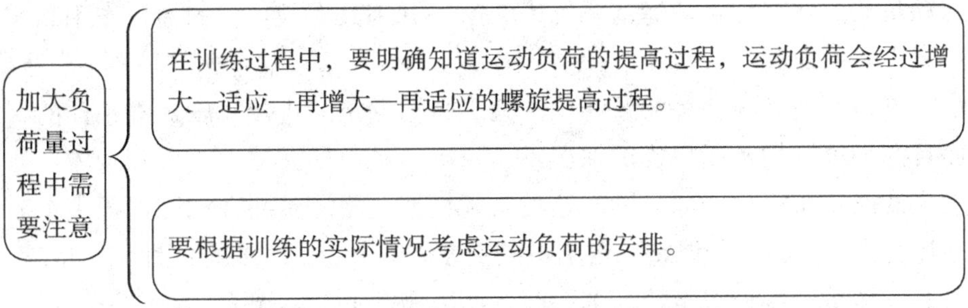

图 2-2-4 加大负荷量过程中需要注意的两点

在制定足球训练计划时，教练员要充分考虑到运动员能承受的合适负荷原则，既不能因为运动负荷太大而对运动员的身体造成损害，也不能因为负荷太小而失去应有的训练效果。适宜负荷原则要求合理考虑运动员对负荷强度和负荷量的承受能力，以及在不同训练阶段身体素质水平的发展情况，在这个基础上确定合适的负荷。逐渐增大负荷量时，就千万要注意不要违背运动负荷量、负荷强度与恢复之间的科学规律。千万要记住，在训练中增加运动负荷一定要循序渐进的规律，不可一步到位，否则可能会造成不良后果。

此外还需注意，为了尽可能地提高运动员的技术水平、将运动员的身体潜能发挥到极致，训练中运动的负荷最终一定要达到极限，即加量训练的最终目的是达到超量负荷，其原因主要有以下两个方面（图 2-2-5）。

超量负荷能提高技术水平的原因

- 因为只有经过不断的训练形成超量恢复，才能够提高运动员的身体素质和运动水平，才能够适应激烈的比赛环境、创造优异的运动成绩。
- 因为只有极限负荷的刺激，才能将运动员机体的机能潜力充分挖掘出来。

图 2-2-5　超量负荷能提高技术水平的两个原因

2. 区别对待原则

这个原则就是要求我们根据运动员的实际情况，加以区别对待。在日常训练过程中，教练员要充分考虑运动员的身体素质与个人特点，如文化程度、技术水平和心理品质、承担负荷的能力、身体条件、性别、年龄等方面，有针对性地选择训练手段、方法，制定科学的训练任务，合理安排运动负荷。在高校足球运动训练中，这一原则具有很重要的指导作用和实践意义。

具体来说，在训练的过程中，大多数运动员的进步速度是不一样的，而且在训练计划不断推进的情况下，每个运动员的技战术水平和身体素质发生的改变也不尽相同。针对这种实际情况，教练员要在训练过程中不断地进行合理、科学的调整。运动员进步速度不同，这主要是由性别、年龄、身高、体重等各种因素造成的，在这些因素不同的情况下，运动员的运动能力自然也呈现出参差不齐的现象。据此，教练员针对不同的运动员，要有不同的训练方式，做到区别对待。如果对待所有运动员都采取一刀切的办法，不体现差别，就很难达到训练目标，浪费不必要的时间和资源。总之，在训练过程中，对不同的运动员要区别对待。

为了在高校足球训练中能够更好地实施区别对待原则，高校足球教练员要注意以下两个的事项（图 2-2-6）。

训练过程中要注意两个事项

教练员要对运动员的实际情况进行深入细致的了解，包括运动员的身体素质、技术水平、年龄、学习能力等。并根据这些情况来有针对性地选择适宜的训练方法。教练员在训练过程中要建立丰富的资料库，监测运动员的身体素质及技战术的发展变化水平，做到真正了解每一个运动员。

训练中要兼顾运动员个人素质的提高和球队整体水平的提高，根据球队的需要和运动员的个人水平，制定合理的训练计划。在全面了解全队和每个人的基础上，充分反映全队的特点和个人的特点，既有对全队的要求，又有对个人的要求。

图 2-2-6　训练过程中要注意两个事项

3.“三从一大”原则

“三从”指的是从实战需要出发、从难、从严三个方面来进行足球训练指导。

第一，训练要求“从实战需要出发”。足球是一项以参加比赛、赢得比赛胜利为目的的运动。所以足球训练要根据比赛的实际需要，从球队自身的总体情况、每个队员的运动素质出发，制定出有针对性的训练计划。

第二，训练要求“从难”的原则。只是进行动作简单、技术难度小的训练是无法提高运动水平的。在训练过程中要根据情况不断地调整训练的难度，使训练的难度呈现不断上升的趋势，让运动员的技术、战术技通过训练得到不断提高。

第三，训练要求“从严”的原则。在训练过程中要对运动员有严格的要求。只有严格的要求才能保证训练计划的顺利进行。显然，松散的纪律要求难以取得良好的训练效果。而且，严格的要求也有利于激发运动员的身体潜能，使其潜能得到最大程度的发挥。

“一大”是指进行的训练要是大负荷的。显然，小负荷的训练无法有效提高运动员个人的运动技能，也无法有效促进运动队伍整体竞技水平的提升。所以，在训练过程中，要科学地加大负荷量与负荷强度，让运动员和运动队伍的总体水平呈现不断提升的趋势。这是进行科学训练的必由之路。

高校足球训练要切实遵守“三从一大”的原则，这是在多年的高校足球训练的实践与探索中总结出来的一个重要原则，按照原则贯彻训练计划，能有效提高高校足球运动的水平。

4. 全面性原则

高校足球训练要遵循全面性原则，这一个原则对大学生运动员综合竞技水平的提高有综合指导意义。为了使高校足球队和足球运动员取得良好的训练成绩，就需要保证这个原则得到合理的贯彻执行。我们都知道，足球运动是一项全身性运动，全身的各个肌肉、部位都参与进来，各个器官和系统都参与协调。进行全面的训练可以让全身各系统相互协调、促进和提高。

5. 一般训练与专项训练相结合原则

在高校足球训练过程中，训练方法分为一般训练与专项训练。其中，一般训练指的是运用各种训练方法来提高全身各系统与器官的功能，使身体素质、心理状态得到全面健康发展。专项训练是指，针对某些项目进行侧重训练，如针对盘球技术、点球技术、定位球技术进行专项训练。

一般训练和专项训练要在高校足球运动员的训练全程中相互结合使用。具体而言，要根据运动员的训练技能情况、足球运动的专项特点和阶段的训练目标以及不同的训练时期，对一般训练、专项训练的顺序和任务量做出正确的规划。对于技术水平高、身体素质好的运动员，就应加大专项训练的比重；对于技术水平低、身体素质差的运动员，就相应地减少专项训练而增加一般训练的任务量。

此外还需要正确认识到，在不同的训练阶段，教练员规划一般训练与专项训练的任务量时也要有一定的区别。这时通常需要注意下面的两种情况（图 2-2-7）。

一般训练和专项训练比重的安排的情况

- 在多年训练的基础训练和专项提高阶段，训练大周期的准备期的第一阶段和过渡期、恢复调整的小周期，就需要安排一般训练的比重大一些。
- 如果在比赛阶段，那么就需要根据实际情况和需要安排专项训练的比重大一些。

图 2-2-7　一般训练和专项训练比重的安排

6. 积极主动性原则

足球运动员在训练中会遇到各种困难，而且训练过程是个阶段较长且艰苦的过程，如果运动员不主动积极的参与训练，训练目的不明确，一旦遇到困难就容易产生畏惧困难、想要放弃的心理。在这方面而言，怎样去调动运动员的积极性对保持可持续的训练计划来说是一个需要搞清楚的问题。积极主动的原则是很重要的训练原则，想要在高校足球训练过程中切实贯彻这一原则，需要做到下面的两点要求（图 2–2–8）。

贯彻积极主动的原则要做到两点

- 足球运动员明确自己参加足球运动训练的目的，明确自己参加的动机，端正自己的训练态度。明白足球运动可以对自己的身体、学业和心理素质产生积极影响的道理。认识到足球训练的价值，正确使用科学方法，才可以取得最佳的训练效果。
- 要使运动员真正对足球运动产生兴趣，把被动的接受训练变成主动要求训练，应该培养他们对于足球的热爱，让他们对于足球运动的产生发展和现状有系统的了解，培养他们对于著名球星的喜爱，这样才可以激发他们对足球运动的热爱情绪，从而主动地进行训练。

图 2–2–8　贯彻积极主动的原则要注意两点

7. 训练与比赛相结合原则

这一原则指的是在高校足球运动训练的整个过程中，通过日常训练与参加比赛及时发现、改进存在的问题与不足，并且日常进行的技能训练要与实际比赛相适应。

足球运动是一项以参加比赛为主要目的的运动，因此比赛成绩也成了评价足球训练效果的重要指标之一。可以说，足球训练的目的就是为了比赛。因此，在足球训练的过程中，需要举行、参加一些比赛，以检测训练的效果。在比赛中发现的问题，可以在往后的训练中得到改进，对于个别运动员在比赛中暴露的缺点，可以在往后的比赛中进行有效的针对性训练。因此，将比赛与训练相结合，可以不断提高足球运动员（队）的竞技水平。

8. 周期性原则

足球运动的技术大多需要经过大量的重复练习才能达到熟练掌握、运用自如的境界，足球运动员也需要经过大量的重复训练才能使身体素质不断提高，此外要保障较好的比赛成绩，也需要进行大量的重复训练。进行大量的训练计划，要遵循一定的周期性，按科学的规律执行训练任务，才会取得良好的训练效果。因此，足球运动需要遵循周期性的训练原则。

经过科学的周期性训练，可以全面提高运动员的身体素质、恢复能力、心理状态，以及技战术水平。足球训练的过程往往是呈阶梯式上升的，运动员经过每一个周期的训练，其技战术水平和身心素质应该得到一定程度的提高。每一个周期的训练应该成为下一个周期的基础，为下一个周期提供更高的训练起点。

9. 系统性原则

想要取得良好的训练效果，就不能只是采用短期、零散的训练方式。总结长期的足球运动实践经验可以知道，要培养优秀的足球运动员，全面提高运动员的技战术水平和身心素质，就不必须采用长时间的、系统性的训练方式[1]。

严格贯彻系统训练的原则能够保证足球训练的训练效果。贯彻系统性原则需要注意下面两个方面的内容（图 2–2–9）。

贯彻系统性原则需要注意

- 在高校足球训练的过程中要坚持长时间的系统训练，设置合理的训练阶段，并使得每个训练阶段紧密联系起来而成为一个统一的整体。
- 注意在高校足球训练中要使得训练周期和训练阶段有机地结合起来，不可以出现间断，课与课之间、周与周之间、周期与周期之间以及各训练阶段之间，在训练内容、重点、方法和运动负荷的安排上要有机地结合起来，使上一阶段的训练成为下一阶段训练的准备，使下一阶段的训练成为上一阶段训练的继续和提高。

图 2–2–9　贯彻系统性原则要注意两方面

（二）高校足球训练的一般方法

足球训练的方法是决定足球训练效果的最重要因素。一般而言，经过实践检验的、目前常用的足球训练方法有下面多种。

1. 游戏训练法

游戏训练法就是采用游戏的方式来进行足球训练的方法。游戏训练法可以在训练的同时达到适当休息、减轻压力的目的，因此这种方法能够最大限度地调动运动员训练的积极主动性，而且在训练中具有愉悦身心的效

① 从训练开始的最初阶段到运动员达到较高技术水平并且不断提高运动能力的训练过程中要实现前后连贯、环环相扣和联系紧密的系统训练。

果，从而在身心娱乐中达到训练目的。

多样性与趣味性是游戏训练法需要注意的两个关键因素。这是取得理想训练效果的重要保障。游戏训练法的运动负荷要根据训练者的实际情况的不同而随之改变。

2. 持续训练法

一般而言，持续训练法可以按照训练时间的长短具体细分为短时训练法、中时训练法和长时训练法三种时长不同的训练方法。针对需要花费长时间、无间断地进行锻炼才能达到效果的项目，就需要持续训练法进行指导训练。

需要特别注意的是，持续训练时运动员的平均心率应该在 130~170 次/min 的范围内。

3. 变换训练法

在高校足球训练过程中，变换训练法[①] 主要包括变换动作组合、变换运动负荷、变换训练环境等几种训练方法。

运用变换训练法能够有效地提高身体素质训练水平，提高机体对比赛的适应能力，以及提高运动技术与战术，有利于克服练习时所产生的单调枯燥感，培养运动员的各种运动感觉，对推迟疲劳的出现也有着积极的意义。

高校足球运动员在采用变化训练法进行足球训练时，要注意下面几个事项（图 2-2-10）。

采用变换训练法需要注意

- 在足球运动训练中，运用变换训练法时，要根据训练的具体目标，有目的地变换练习的运动负荷、技术动作的组合、练习的环境和条件等。
- 根据训练计划的基本内容灵活采用合理的变换条件，要有利于技术、技能的巩固和身体素质的发展。
- 在进行技术训练时，在采用变换训练法达到训练目的后，要注意及时恢复到正常情况下的练习。及时纠正错误动作，避免错误动作形成动作定型，增加或减少练习的重复次数与调整间歇的时间。
- 要根据实际情况不断调整训练的负荷，在训练中逐步增加练习的数量，提高练习的强度。

图 2-2-10　采用变换训练法的注意事项

① 在高校足球训练中通过变换运动员的练习内容、形式、条件以及运动负荷来增强运动过程的趣味性、积极性和适应性的训练方法，我们称为变换训练法。

4. 循环训练法

循环训练法能用于一般训练，也能用于足球专项训练。它能有序地、系统地、有针对性地进行背部、腹部、双腿、双臂等身体部分的训练。在循环训练法中，每项训练内容都有着一定的要求及其负荷量，所以能根据训练重点的安排、练习的内容及循环的顺序、站与站每次循环之间的间歇时间等，分成几种练习形式。

循环锻炼法能够让足球运动员的许多方面素质获得较快的综合提高。有几个方面在进行循环训练时需要引起注意，它们都能在一定程度上对高校足球训练的效果产生影响。一般而言，在循环训练法中，下面的几个方面是不可忽略的（图 2–2–11）。

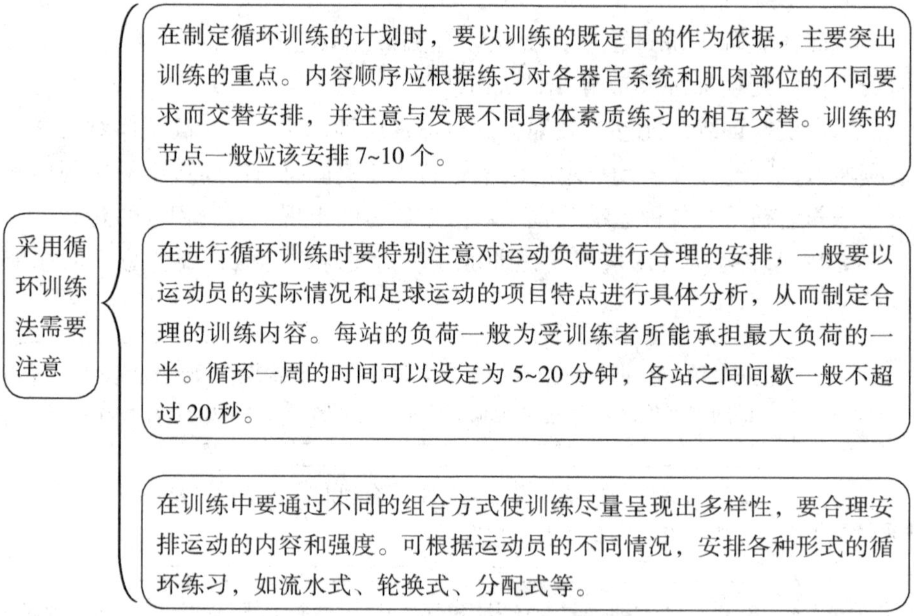

图 2–2–11　采用循环训练法的注意事项

5. 综合训练法

如果在一次训练中同时采用了前面所讲的两种或两种以上的训练方法，或者在一组训练中同时安排各种技术训练和体能训练，那么我们称这样的训练方法为综合训练法。

由于可以选择的方法较多，因此组合出来的综合训练法就是多种多样的。所以在选择综合训练法时，可选择性的比较多的。但是，在训练过程中也不能做随意的选择，而是要依据实际情况，综合分析考量之后做出最佳的策略组合。具体要考虑的情况是运动员的健康状况、年龄、身高、心理素质以及适应变化的能力等。

6. 竞赛训练法

根据竞赛的内容不同，在足球训练的实践中往往能把竞赛训练法分为适应性竞赛、检查性竞赛、教学竞赛等。竞赛训练法的运用，能够提高身体训练水平、实战能力和技战术，调动运动员训练的积极性，发展心理素质以及检查训练手段与方法。

竞赛训练法是一种具有胜负结果的、有组织竞争性的、以最大强度完成的足球训练法，也是一种比较有激励性质的训练方法。高校足球运动在使用竞赛训练法进行训练时，要注意下面几点（图 2–2–12）。

采用竞赛训练法需要注意

- 在“训练过程中，要准确把握时机，在运动技能尚未形成之前和疲劳时，不宜采用竞赛法，以免影响刚刚形成而尚未巩固的动作技术，同时也可以防止伤害事故的发生。
- 采用竞赛训练时，教练员既要注意引导运动员发挥自己的特长，又要秉公执法，严格执行比赛规则，及时引导和教育学生不要有违规行为出现，提高他们自我控制能力，培养优良体育作风。
- 竞赛中要根据运动员的实际情况确定运动负荷，分配比赛位置。在竞赛训练中，通常易激发情绪与兴趣，而且较难控制和调节练习中的负荷。

图 2–2–12　采用竞赛训练法的注意事项

7. 间歇训练法

在运动员的机体尚未完全恢复的情况下就继续下一次的训练的方法称为间歇训练法。这种方法可以有效地提高心血管系统和呼吸系统的机能。具体而言，这种方法是运动员在足球运动训练中依据规定做完一次训练，严格遵循一定的方式进行休息以后，在身体各项指标和机能还没有完全恢复之前，就进行下一组练习的训练方法。

间歇训练法与重复训练法有相似之处，但它们根本上是不同的。它们之间的根本区别是，重复训练的间歇时间比较长，通常在运动员机体机能能力基本恢复的时才进行下一次的练习；而间歇训练的间歇时间比较短，而且每一次间歇时间都有严格规定，要在运动员机体机能完全恢复之前就开始下一次练习。

在高校足球运动的训练过程中，大学生如果使用间歇训练法，需要注意下面几点（图 2–2–13）。

采用间歇法需要注意

- 间歇训练方案要以训练任务为主要依据。间歇训练法由每次练习的数量、负荷强度、重复次数、间歇时间及休息方式五个要素组成。在变换或调整某一要素的参数时，要充分考虑到其他因素的影响。
- 在间歇训练方案确定后，应经过一段时间的训练，使运动员有了适应和提高后，要根据运动员的实际锻炼效果适时地进行调整变换。
- 间歇训练的间歇时间和训练的运动负荷，要依据运动员个人的具体情况进行确定。通常情况下，间歇与训练之间的转换应该是：当心率在每分钟 160~180 次时，进行间歇；而当心率恢复到每分钟 120~130 次时，就要进行下一次训练。

图 2–2–13　采用间歇法的注意事项

8. 重复训练法

重复训练法通常能分成间歇式重复训练法、连续重复训练法两种。通过重复训练能够让足球运动员对某项技术动作形成条件反射，经过重复训练，运动员对于技术动作会形成较大的信心，从而在实际运用中会更加熟练，在比赛中能够形成稳定的发挥，这对运动员的意志品质也会有非常好的促进作用。

多次重复以后，身体对运动反应的负荷量就会加大。当重复次数不断地增加的时候，最终会让身体承受的负荷接近极限。

在足球训练的过程中，如果运用重复训练法，大学生应注意下面几个事项（图 2–2–14）。

采用重复训练法需要注意

- 重复练习是一项一直重复某一动作的过程，由于练习的枯燥，在练习过程中很容易产生乏味厌烦的情绪。这时就应该利用一些游戏或者小比赛的手段提高运动员的练习兴趣。
- 重复练习要严格按照技术规范进行练习，因为重复练习会使得动作掌握得更加牢固准确，所以要求练习要准确，如果运动员连续出现错误动作，就应该停止练习，以防止形成错误的动力定型。
- 运用重复训练法进行身体素质训练时，要以运动员的实际情况，有针对性地确定练习数量、负荷强度、重复次数。应尽量采用简单而有实效的已基本掌握的练习作为训练手段。

图 2-2-14 采用重复训练法的注意事项

三、高校足球训练的负荷安排

对负荷量做科学合理的规划是提高高校足球运动成绩的重要因素之一。教练员的执教能力往往体现在可以因地制宜、因人制宜、因时制宜地安排训练周期的负荷量。因此高校足球教练员要对其管理的足球队、运动员进行科学合理的负荷安排。

（一）调控运动训练负荷量的主要形式

“负荷—恢复—超量恢复”是运动训练负荷量的一般规律。教练员在结合训练实际的基础上，遵循这个一般规律，就可以对运动训练负荷量进行科学合理地调控。

1. 跳跃式调控

在训练过程中，让运动量有较大的起伏，呈现出波动变化的形式，打破平常训练中保持的动态平衡状态，这种训练方法就是跳跃调控。跳跃式调控可以让运动员在训练的过程得到超量恢复，使运动员的技术水平和身体素质得到明显的提高。不过，跳跃式调控的实行难度较大，普通的训练计划和身体素质一般的运动员不要采用，在赛事级别较高、运动能力较强的运动员身上可以采用这种方式。

2. 阶梯式调控

“上升—保持—上升”的训练方法就是阶梯式调控的形式。这种运动调控方式是使运动量阶梯式上升的一种方式，通常用在赛前训练的运动负荷计划。

3. 恒量式调控

在教练员安排运动训练量的时候，在某个训练阶段中，将运动量保持在特定的区域内，运动量不会有太大的起伏，这种训练方式我们就称之为恒量式调控。在进行足球运动训练的过程中，对运动员进行恒量式调控是最为常见的方法之一，教练员在对运动负荷进行安排的时候，这种调控方式可以贯穿于整个足球运动训练的过程当中。

4. 波浪式调控

运动负荷呈“上升—保持—下降—再上升”的调控形式就是波浪式调控。这种调控能逐步加大运动负荷，在高校足球训练的各个阶段都可以运用。

5. 渐进式调控

高校足球训练中经常使用的一种调控负荷的方法是渐进式调控。运动负荷按照一定规律呈斜线式上升的调控形式就是渐进式调控。这种调控方法在短训练过程中用得最多。

（二）训练负荷合适程度的判断方法

想要有效地控制运动训练负荷，就需要先对它有一个准确的判断。一般而言，判断运动负荷的合适程度主要有下面两个方法。

1. 依据心理学进行判断

在进行足球运动训练的时候，大学生的心理也会受到多方面因素的干扰，比如参与锻炼的兴趣、能力、情绪、意志以及所能够承受的最大运动负荷等，都会对大学生的足球运动训练产生比较严重的影响。相关研究数据表明，足球运动员的心理反应都会在实际活动、心理操作和主观感觉中有一定的呈现。比如，在大型赛事前，通常都会有运动员因为压力太大或兴奋过头而无法正常休息。

2. 依据生理学进行判断

大学生运动员的身心特点会在训练过程中随着负荷量、训练强度的变化而变化，其变化规律呈现出一定的特点。具体来说，运动员的脂肪、糖类的代谢过程，以及心率等生理指标，会呈现一定规律的变化。

在足球运动的实际训练中，为了科学地掌握训练情况，有必要对运动负荷做出简便、迅速而且准确的判定。因为心率的测定在实际操作中比较简便，而且心率在运动中也有比较明显的变化特征，所以在判断训练负荷适宜程度的办法中，测定心率是一个被广泛采用的指标。此外，在测定身体代谢变化的指标方面，较为常用的方式是血液检测和尿液检测，但这两者比测心率复杂一些，简便程度比不上和测心率的方法，因而应用也没有测心率的方法广泛。

（三）训练负荷大小的决定性因素

在高校足球训练过程中，对运动员训练负荷造成影响的因素有很多。具体而言，起决定性作用的因素有下面几点。

1. 足球训练的周期节律

足球训练是有周期性的，包括运动能力的提升、各项生理指标的变化、竞技水平的发展变化、心理状态起伏规律等，这些方面都呈现一定的周期性。具体来说，一般在足球训练的休整期时，训练的负荷量和训练强度都应该适当减小。所以说足球训练的周期性特点，对训练负荷量的大小有极其重要的影响。

2. 足球专项竞技的需要

足球专项竞技的需要在一定程度上会决定训练运动量的大小，这同时也是足球运动的专项特点以及比赛的机制。足球运动与其他球类运动有着很大的差别，不进行运动形式上，而且对于运动员的各项要求也与其他球类运动有非常大的差异化，所以在进行足球运动训练的时候，其训练方式也与其他球类运动有很大的差距。

足球运动的负荷特点主要体现在负荷的大小、负荷的侧重点两个方面。如果想在训练中取得最好的训练效果，则要按照足球运动的专项特点，科学地规划好训练中需要的运动负荷量。

3. 足球运动员的承受能力

通常情况下，运动负荷越大，经过超量恢复后对运动员身体的训练效果就越好。但凡事又有一个限度，运动负荷也不例外。运动负荷可以逐渐加大，但是不能超过运动员的极限。这个极限就是运动员机体整体或者局部所能承受的最大负荷限度。

另外，足球运动员的训练水平、健康状况、性别、年龄、心理状态以及上一次运动训练后的恢复状况等因素都对运动员的承受能力造成一定影响。所以在制定足球运动的训练计划时要根据实际情况而定，依据每个运动员可承受负荷的能力合理确定运动负荷。

（四）合理安排训练负荷的措施

1. 根据负荷与恢复的关系合理安排时间

运动员的恢复情况与运动负荷之间往往存在很强的相关性。运动负荷量大、强度高，则恢复就相对慢一些；运动负荷量少、强度低，则恢复就会快一些。所以在运动训练过程中，要注意合理的安排训练负荷与恢复。要认识到，运动疲劳是会积累的，当积累到一定程度就可能造成过度疲劳而损伤身体。因此，在训练当中合理安排恢复时间是非常有必要的。

运动员所能够接受的最大运动负荷能力、足球运动间歇时间的长短以及全面恢复身体机能水平的能力，这些因素都与运动负荷有着直接的关系，同时，负荷的性质在一定程度上也能够决定身体恢复的时间长短。

2. 有针对性地对训练计划进行适当调整

高校足球训练的过程要建立在遵循合理的训练计划之上。如果在训练中会受到了干扰，无法按计划完成训练，使预想的训练效果无法达到，这时候就需要针对训练的进展及时进行调整，这样才得以保证训练计划的完成和达到最终的训练效果。

3. 根据实际情况和具体需要对运动量进行合理安排

高校足球训练的每个阶段对于运动量的需求不一样。每个阶段也都有不同的内容、标准、任务。足球运动员对运动负荷的适应能力可以逐步加强，经过“加大→适应→再加大→再适应”的过程，逐渐增加运动负荷，使训练效果明显增强。经过这样的过程，可以有效地提高运动员的训练水平。执行运动训练负荷计划的时候，必须依据实际情况，以运动员的水平和训练任务为重要参考。

此外，在计划运动训练负荷时起到很好指导作用的规律还有“负荷→恢复→超量恢复”，这一规律能实现合理搭配运动量与恢复的目的，进而获得良好的训练效果。

四、高校足球训练计划的制订

训练计划可以按照实施所需的时间长短划分为课时训练计划、周训练计划、阶段训练计划、年度训练计划、多年训练计划等五种类型(见图 2-2-15)。

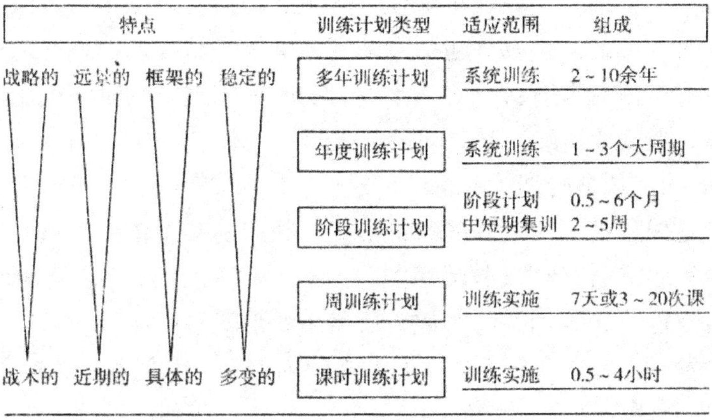

图 2-2-15 高校足球训练计划的类型

(一)制订课时训练计划

1. 课时训练计划的概念和特点

课时训练计划在一定程度上讲是教练员根据周训练计划的总体进度,进而制定出的更加详细的训练计划。虽然课时训练计划的时间相对较短,但是它所包含的内容却比较多,基本上可以分成三大类:一类是设备、器材和场地;一类是恢复的具体措施;还有一类是训练课的负荷、时间、结构、任务以及训练手段、方法等。高校足球训练中最具体、最详细、最下位的训练实施计划就是课时训练计划。

2. 制订课时训练计划的基本步骤

(1)确定训练任务

训练课时任务具体包括技战术提高训练、身心素质提高训练,以及适应比赛的训练等方面,课时训练计划要能非常直观的确定这些训练任务。

在课时训练中,大学生可以根据一些比赛的实际需要进行训练任务的选择,不仅可以做单一方式的训练,而且也可以做综合性的训练,一般情况下,每节课需要确定一到两个具体的训练任务就可以了。

(2)合理安排训练的内容和时间

课时训练的结构由开始阶段、准备阶段、基本阶段和结束阶段四个阶段构成。在实际的训练中,开始阶段和准备阶段往往合为一个阶段,也就是说，实际训练中课时训练结构常常是三段式结构。

在准备部分的训练过程中，通常情况下都会贯穿一些热身活动或者是专项训练的预备活动，完成本课任务的主要环节是最基本的阶段，一般情况下，课时内容的安排都会包括身体素质训练、技战术训练等内容，该部分的内容应该占到课时百分之八十左右的时间，剩下的时间可用来做放松运动，最大限度地消除运动员的运动疲劳。

（3）确定科学的训练课组织形式

高校足球运动课时训练的组织形式有很多的参考依据，只有科学地参考队员的实战需求、位置、技战术能力等情况，才能够真正保证训练的效果，与此同时在进行组织训练的时候，所运用的形式最好能够使教练员的指导才能充分发挥出来，在有效的时间和空间内完成教学任务。

（4）合理安排运动负荷

在安排课时训练的运动负荷时应该充分考虑几个因素的影响，这几个因素包括：大负荷高峰出现的次数、平均负荷、全课的负荷量变化曲线、课中的调整与恢复，以及结束部分的恢复。当训练任务不同的时候，要根据该技战术的实际情况对所需的运动负荷进行科学化的安排，只有这样才能够真正保证训练计划的合理性。

（5）制订合理的检查方法

在每一次的课时训练中，教练员都需要对用到的场地提前进行统计和记录，并对训练课的时间以及运动距离做好相应的检查工作，对运动员的技战术水平以及场地的规格都做到心中有数，只有这样才能够真正保证运动员持续有效地进行运动训练。从另一个角度来讲，对运动员的定性评价活动以及对抗的激烈程度与效果也要有一个清晰的预判，只有这样才能够真正完成掌握足球运动训练计划的安排与进度情况。

（二）制订周训练计划

1. 周训练计划的概念和特点

为了能够顺利地将一周制定的训练计划得以实施，教练员就需要制定周训练计划。在制定周训练计划的时候，一定要按照阶段训练的计划来安排好训练的任务与内容，周训练计划的特点就是与其他计划相比，周训练计划能够完全实施的可能性是最大的。

2. 制订周训练计划的基本步骤

（1）确定训练内容

在制订周训练计划的时候，要按照具体的需要和阶段性的要求计划好每周的训练内容。每周的训练内容要包括心智、身体和技战术提高训练等方面。

（2）明确训练任务

在进行运动训练的时候，不同的训练阶段需要完成的训练任务也会有很大的差别，即使在相同的阶段中，每周需要完成的训练任务也会有比较大的区别，这不仅与整个训练计划安排有关，同时也与每个教练员的教学习惯有很大的关系，另外，在制定周训练计划的时候，一定要充分考虑到周训练计划之间训练任务的延续性与递进关系。每一周的训练计划要与其上一周和下一周的训练之间要有一定的关联性。每一周的训练任务都应该明确。

（3）确定训练手段与方法

在周训练计划中，训练内容、负荷要求是确定训练的手段和方法的主要依据。周训练计划要确定好训练手段和方法。

（4）确定训练次数和时间

制定周训练计划前，要掌握运动员的实际水平情况，依据实际情况确定训练次数。针对高校足球训练，每周训练次数一般在 8~20 次之间。

（5）确定运动负荷

周训练的强度要合适，要有机结合使用大强度、中等强度、小强度的训练项目。总体上使负荷强度和负荷量呈波浪式变化。

（三）制订阶段训练计划

1. 阶段训练计划的概念和特点

在全年训练中，为某一个阶段制定详细的计划，这就是阶段性计划。相对于全年训练计划，阶段性训练计划的时间跨度较小，但是却有更加详细的训练规划。阶段性训练计划主要是指准备期、冬训、夏训、重要赛事集训、比赛期等阶段的训练计划。

全年的训练计划是制定阶段性训练计划的主要依据，阶段性训练计划的制定要围绕年度训练计划展开，在训练进度、内容、负荷、要求和任务等方面规划得更加具体可行。

2. 制订阶段训练计划的基本步骤

（1）明确提出本阶段训练的目标和任务

在制订阶段性训练计划的时候，要充分参考不同训练阶段的训练特点，并以全年训练计划为中心，明确提出本阶段的训练目标和任务，让本阶段的训练计划具有较强的针对性。

（2）制订合理的检查措施

在进行足球运动训练的时候，需要对运动员的身体素质以及相应的运动指标做一个全面的检查，对运动员进行身体测验的目的就是制定合理运动负荷计划，对运动员的技术进行测验的目的就是对运动员所要达成的技战术水平有一个明确的衡量指标。在检查中用一些能够具体量化的指标做评定，但是做生理测定往往又有较高的技术和设备要求，除了在比较重大的赛事中会采用之外，并不常用。

（3）合理安排训练负荷

在训练过程中，运动负荷的安排一定要呈现一定的规律性，这样的规律要与运动员的身体情况、恢复能力，以及所处阶段的竞技水平等方面相符合。

在不同的训练阶段，对运动负荷的安排也应有不同的侧重点。比如，在准备阶段，运动负荷应该从较小的量和强度开始，其变化要以量变为主，在强度方面不宜有明显增加；在赛前的准备阶段，则要以负荷强度的增加为主要训练手段，这时候负荷量保持相对稳定；在球队赛后的休整阶段，训练负荷量与强度都要逐渐下降，直到下一轮的训练开始时才逐渐回升。

（4）合理分配训练内容和比重

在阶段性训练中，主要内容有身体素质训练、技战术水平训练、比赛适应性训练等内容。在不同的阶段，其内容有一些差别。在很大程度上，各个阶段的训练内容、训练比重是由具体的训练任务决定的。教练员在制定阶段性计划的时候要根据这些实际情况做合理的选择与规划。

（5）确定本阶段的训练时间

确定阶段性训练周数的主要依据是训练的周期性特点和周期的阶段性质。过渡阶段的训练时间则通常为四周。竞赛期的训练时间要以竞赛的实际需要为依据具体确定。准备期的训练时间可以稍微延长。每一个训练阶段的时间最好不要少于两周。

（四）制订年度训练计划

1. 年度训练计划的概念和特点

年度训练计划与周训练计划以及多年训练计划之间有很大的差别，但是又同属于战略性框架式上位计划。顾名思义，年度训练计划就是一年之内所制定的训练计划。在制订年度训练计划的时候，一定要参考多年训练计划的要求和任务，同时还要与上一年度的训练计划相互衔接。

2. 制订年度训练计划的基本步骤

（1）确定当年的指导思想与训练目标

任何训练计划都应该由其指导思想与训练目标，对时间跨度较大的年度训练计划则更应该如此。指导思想和训练目标在年度训练计划中具有指导全局的重要意义。年度训练目标就是当年球队要为之奋斗的目标，制定年度计划的训练目标时，要充分考虑运动员及整个球队的实际情况，如运动员的身体情况、球队的整体水平，以及上一年度的训练情况等。

（2）具体分析球队当前的状况

年度训练计划的制定要以多年训练计划和上一年度的训练效果为依据。所以在制订年度训练计划的时候，要对高校足球运动员初始情况或者经过上一年训练所提高的身体素质、技战术水平做全面的调查。

（3）制订合理有效的检查措施

针对年度计划的效果，我们可以通过一些考核措施、测评办法来进行统计，以具体考察、判断年度计划的实施情况。

（4）合理划分训练阶段

年度训练计划是一种全局性的上位计划，时间跨度较大，规划较为长远，对于年度需参加的一些重要比赛，教练员要做到心中有数，对于训练计划的安排与训练的周期进行合理的安排，在整个训练周期中，教练员也需要根据学生的训练状态进行相应的计划调度，在准备阶段、竞赛阶段以及过渡阶段中都可以进行计划的改变，在转变训练计划的时候，主要考虑的指标有：各项训练内容百分比、主要训练任务、训练时数和课数、阶段所处月份，以及负荷量和强度水平指标等。

（5）明确训练内容和手段

年度训练计划往往依据球队往年的训练效果来制定一些合理的应对措施。在结合本年度训练目标和指导思想的基础上，结合运动员、整个队伍当年的身体素质、技能状态的因素，确定合适的训练内容和训练方法。此外，在制定具体的训练手段时还需要考虑年度的训练特点，既要具有强大的实效性，也要符合训练内容。

（五）制订多年训练计划

1. 多年训练计划的概念和特点

高校足球多年训练计划具有全局性和战略性的意义。通常为了完成运动员在大学足球队服务期间的预期目标，就要制定针对大学生的多年足球训练计划。球队的整体目标是多年计划的核心，是大学生是球队组建和训练的总任务。对于球队的长期训练而言，多年计划的制定具有重要的指导意义。而且，多年训练计划常常是年度计划和阶段性计划的制定依据。高校足球多年训练计划常常是两三年，也有四年的情况。

2. 制订多年训练计划的基本步骤

多年训练计划的制订要分为几个具体的步骤，这是由多年训练计划时间跨度大，实施过程较长决定的。将多年训练计划分为几个阶段进行，将使其更具有可操作性。通常制订多年计划有下面几个步骤。

（1）提出训练的指导思想和训练目标

在制订多年训练计划的时候，要充分考量各个运动员的身心素质、团队精神、技战术水平、发展潜力等综合情况，做具体、透彻的分析之后确定多年训练计划的指导思想。一切要以实战需要为核心要求，确立符合大学生运动特点、符合大学竞赛目标、科学合理的足球训练指导思想和目标。

（2）分析球队现状

对球队、运动员的情况进行客观、系统、全面的了解是制定计划第一步。要通过对运动员的全面了解和观察，对整个队伍的总体竞技水平、心理素质、身体能力、发展潜力、年龄分布等方面做一个全面客观的评价。在这个基础上真正对球队的整体状况作出判断。

（3）拟定检查措施

有效的激励手段和监督办法是计划顺利进行的可靠保障。激励手段和监督办法的具体落实要有相应的检查措施做保障。检查措施的制定通常包含几个要素，如奖励和惩罚的措施、进度完成的标准、考评的具体项目等要素。

（4）合理安排运动负荷

多年训练计划是分阶段实施的，处于不同的阶段就有不同的负荷要求。各个阶段都有着其阶段性特点，这就要求教练员安排运动负荷的时候要体现这些特点。比如，在竞技保持阶段，足球运动的训练负荷应该保持强度、恰当减量；在专项提高、最佳竞技这两个阶段，通常要以年为单位逐年增加负荷，并不断向运动员的极限水平接近，让运动的竞技水平保持在巅峰状态附近；在基础训练阶段，要求循序渐进地安排训练负荷，注意训练负荷不要过大。

（5）确定训练阶段

我们在本章开头所阐述的足球训练的一般原则是教练员在制定多年训练计划时要充分考虑的，切莫出现违背一般原则的训练计划。多年训练计划时间跨度大，为了便于实施，应该将计划分成几个阶段。通常分为基础训练、专项提高、最佳竞技和竞技保持四个阶段。在这些阶段中，要根据阶段性特征来制订不同的计划。

第三章 现代足球科学训练理念及运用

作为影响足球运动水平的重要因素，科学足球训练理念的运用对于足球运动的发展具有重要的现实意义。为此，本章将分别从教育性训练理念、战略性训练理念以及操作性训练理念三方面，对现代足球科学训练的运用进行分析。

第一节 现代足球教育性训练理念的运用

一、现代足球训练理念的科学认知

（一）足球训练理念的概念及特征

现代足球运动发展迅猛，以往只依靠运动员高超的技术和优良的体能就能在足球比赛中占据优势的局面已经被彻底打破，现代足球运动训练已经发展到一个很成熟的阶段，高水平足球运动竞赛中足球运动员之间的技能水平相差无几，要想在足球比赛中占据绝对优势，就必须在日常足球运动训练中善于开拓创新，在遵循足球运动员和足球运动客观发展规律的基础上，寻求足球运动体能、技能和智能的突破，并研究新的战术阵型和打法。只有这样，才能不断适应足球运动的发展趋势。

因此，要想推动和重视现代足球运动的科学化发展必须改变传统的只重视足球运动体能和技术训练观念，把握最新的足球训练理念。在重视现代足球运动新发展的基础上，许多学者从不同的角度提出了新的训练理念和观点，这同时也是人们经过长期的实践所总结出来的经验，将足球领域中一些宝贵的失败经验及教训做一个良好的总结之后，所总结出来的新型理念，对现代足球运动教学和训练具有重要的启示。具体来说，现阶段，足球训练科学理念主要包括以下几个方面的内容。

（1）足球运动的训练与足球比赛之间的关系是非常紧密的，要想取得令人满意的比赛成绩，必须对足球运动员的及战术能力以及身心方面的能力有较大幅度的提高。

（2）在进行足球运动训练的时候，任何一种训练方式的进行都要以提高足球运动员的实战能力为主，使运动员在进行现实的比赛过程中解决球队在场上遇到的所有问题。

（3）经过长时间的比赛之后，足球运动训练的内容和所需重点掌握的技能都会逐一体现出来，这在一定程度上也会给教练员提供良好的训练依据。

（4）足球训练应重视足球运动员的足球运动生涯的长期发展。

现代足球训练理念对于指导我国足球运动教学训练具有重要意义，上述关于现代足球训练的新的认识和看法，值得在我国足球教学和训练中学习和借鉴。

但是首先要做到的就是能够符合足球运动的发展实践，对于足球运动员的身心发展状况有良好的判断，我国足球领域中的专家学者应该依据现实生活中遇到的一些比赛难题，制定出切合实际的比赛指导理念，在中国足球成绩不那么令人满意的情况下，足球教学工作者更应该确立与我国现代足球运动发展相吻合的技战术指导方案。这同时也是全面促进我国足球运动向良好态势发展的重要途径。

（二）足球训练理念的特点

理念是人的一种科学认知，属于认识论的范畴，就足球运动发展来讲，足球训练理念是一些教练员和学者建立在对足球运动教学、训练、发展等的一般认识基础之上的一种体会和经验总结，在足球发展的一个短期的阶段内不会发生太大的改变。但是这种理念又是不断发展和创新的，它始终走在足球运动教学与训练的前沿，对足球运动教学与训练实践起着重要的指导作用。因此，足球运动训练理念具有全面性、客观性、个体性、可变性与发展性等特点，这也是许多足球运动工作者和学者的共识。

1. 全面性

正如前面所说，足球训练理念是对足球运动训练的体会和经验的科学概括与总结，是一个全方位的、系统完善的训练理论体系。它建立在对足球运动训练科学认知的基础之上，涉及足球运动训练的方方面面。

具体来说，足球训练理念的内容包括了对足球运动特点、足球运动员特点、足球运动本质、运动规律、训练规律、管理规律、发展变化等多方面的内容。所以说，足球训练理念具有全面性。

2. 客观性

足球训练理念是一种训练理论，是建立在对足球运动一般规律认识基础之上的理论认识，而足球运动训练的规律是客观发展的。因此足球训练理念也必然具有客观性。

足球运动训练理念既是指向足球运动项目本质和规律，同时，其又指向足球运动的价值及价值的实现途径。由此可见，足球训练理念的指向对象是客观的，具体表现在以下几个方面。

（1）足球运动本身的理念，即足球运动本质和规律是什么，足球本质与规律是客观的。

（2）足球运动价值的理念，即足球运动有什么功能和实际作用，足球价值是客观的。

（3）足球运动价值实现途径的理念，即足球运动训练过程怎样实现足球运动训练的最大价值，足球运动训练过程是客观的。

3. 个体性

足球运动是一个集体运动，但是在比赛过程中离不开明星球员的重要带头作用。此外，在比赛中，具体技战术的实施都是由足球运动员个人完成的。因此，足球运动训练应重视挖掘每一个足球运动员的长处。

运动员之间的身体素质状况或者心理素质肯定会存在差别，这种差别主要是运动员在日常生活或者天生条件下形成的，足球运动员所表现出来的一些行为与运动员自身的专业知识、身体素质、训练经验以及思维方式等诸多因素都有紧密的联系。现在世界上比较优秀的足球运动员通常都是在训练或者比赛中表现出自己擅长的一方面，结合周围的环境将自己的特长展现在人们面前，避开自己的短处。这对于竞技性的体育人才来讲，具有重要的意义。

对于足球运动员个人来讲，正确认识自己的长处是“扬长”的重要前提。因此，每一个人都应正确认识自己的长处和短处，并且能够正确地分析这些长处和短处，足球运动员应认准自己的长处，即最佳才能。只有这样才能在足球运动中不断突破自己，创造优秀的运动成绩。

足球训练理念从理论到实践的贯彻需要充分发挥个人的主观能动性，

这一过程的实现在很大程度上受制于足球教练员和足球运动员的人生观、世界观、价值观等的影响。因此，足球运动训练理念具有个体性，很多足球指导员都已经充分认识到了这一点。

4. 可变性与发展性

足球运动训练理念的变化与发展，是建立在对原有理念的否定基础之上。但是需要特别注意的是，这种“否定＂并非全盘否定，而是在原有理论和观点上的发展，是对足球运动规律与发展的科学认知的更新。这种更新需要一个较长的时间，随着教练员经验和知识的积累，这种更新是不断发生的。因此，足球训练理念是一个反复更新、反复发展的过程。

在足球运动训练实践中，足球运动训练理念的更新需要足球运动教练员和指导员不断加深对足球运动理论的学习和对足球运动教学与训练经验的总结，并充分发挥自己的主观能动性和创新意识，以便于始终保持足球运动训练理念的先进性。

（三）现代足球训练的总体思想

足球训练是一个科学的训练过程，在训练过程中必须有正确的指导思想，就当前足球运动科学训练来说， 对足球运动员的训练与培养工作上，一定要时刻遵循促进运动员健康发展以及足球运动自身规律的基础上。这不仅是足球运动的一种指导思想，并且也是在比赛过程中取得胜利的重要保障。在进行足球训练的时候，我们需要遵循以下几点要求。

1. 坚持素质教育导向

足球训练的教育导向是指在足球训练的同时，还要重视和强调对运动员进行文化和素质教育，将足球训练和教育相互结合、相互协调、相互促进，从而实现足球训练和教育相互融合的目的，进一步促进足球运动的发展和提高。

足球运动是一项竞技性强、对抗激烈的竞技体育运动，“育人夺标”是竞技体育与运动训练的最终目的。但也必须认识到，现代足球运动的科学训练应在训练过程中重视“人的发展”，即重视运动员的健康发展，提倡将人文教育融入培养运动员竞技能力的过程中。现代运动训练不仅要重视对运动员进行文化教育，而且还要将如何做人与运动训练有机统一起来，系统地对运动员进行教育。

现代足球训练中，教育性的训练理念可以规范所有运动队和运动员的教育与训练行为，要对足球运动员，尤其是在高校足球运动员的训练中重视发挥足球运动的教育功能。具体来说，坚持足球训练中的素质教育导向应做到以下几个方面。

（1）在足球运动教学训练中，要坚持公平原则。在足球运动训练中，公平性原则具有重要作用，运动员在天赋、身体素质或者专业知识能力上肯定会存在一定的差距，但是教练员一定要公平公正地对待这种运动员的差异，在训练的过程中教练员也不能带有色眼镜对运动员进行训练，公平地对待每一位运动员，给每一位运动员提供相同的机会，为运动员们提供一个良性的竞争氛围。

在中国当前的国情下，足球运动训练只有真正做到了公平公正，教练员才能够真正分辨出运动员成才机率的大小，做到择优录取，避免埋没人才等现象的出现。

（2）要重视足球运动员的良好品质和行为的培养。根据足球运动员训练的现状来讲，在培养足球人才的时候教练员应该重点注意以下几个问题。

①重视培养足球运动员的优良品质，尤其是在比赛的过程中一定要讲文明，学会尊重他人，杜绝一切不恰当的言论和行为。

②注重培养学生发愤图强的精神，在有限的训练时间内，提高训练的效率，使中国足球向着更高的运动水平出发。

③注重培养学生的责任心，使每位学生都能够有强烈的事业心和责任心，将祖国的荣誉感和责任感肩负在自己的身上。

④注意培养学生的良好卫生习惯，时刻保持个人、宿舍以及教室的卫生环境，足球运动员杜绝一切抽烟、喝酒等不利于足球运动的个人嗜好。

2. 重视职业道德培养

职业道德教育的正确培养，是保证高校学生健康成长的重要条件，在高校的教育中要重点培养运动员的责任感与荣誉感，使他们能够拥有良好的职业道德与文明习惯，勤学苦练，发愤图强，一切为了比赛技能的提高以及专业理论知识的提升。正确引导和教育高校足球运动员对个人与集体、待遇与奉献之间的关系，让运动员心底里能够懂得公平比赛、团结奋斗的职业道德。

在进行足球运动比赛的过程中，如果教练员单纯依靠足球运动比赛的胜负是不能判断球员对于足球运动的理解程度的，在一定程度上讲，教练员需要有效地依据球员在比赛过程中的各种表现进行评价。在高校足球运动员培养方面，教练员一定要严格要求，并且使运动员都能够对比赛的基本规则有一个明确的判断与理解，并且在比赛的过程中需要时刻严格遵守这些比赛的规则，同时能具有自我调节的心理能力，做到“胜不骄败不馁”、尊重裁判和比赛事实（不将比赛判罚及失误的责任归于对方；不采用侮辱性和恐吓性的语言；对人友善），既不妄自菲薄也不狂妄自大（在比赛失利时不生气和哭泣；在比赛胜利时不自满）。

需要特别强调的是，足球运动员在技战术能力逐渐提高的情况下，同时也要提高职业素质。在高校足球运动训练中，足球运动员的素质教育也是十分重要的教育形式之一；在训练的过程中，要适时增加对于足球运动员的一些职业素养的培养。和技战术一样，职业素质的培养也需要一个逐渐适应与提高的过程。在真正的比赛过程中，足球运动员只有在比赛中做好与同伴之间的相互交流，才能够应对场上瞬息万变的比赛形式，才能够处理好遇到的突发状况。所以，基于这一点考虑，对于足球运动员的职业素质培养要贯穿于整个训练的过程，在对于运动员进行职业素质培养的时候，我们有几个需要特别注意的问题，具体如下。

（1）首先足球运动员要从心底里对足球运动有一个比较清晰地认知，无论是在比赛还是在训练的过程中，都要以积极饱满的热情投入到这个过程当中，能够从这个过程中充分体会到足球运动的乐趣。这样就能够承受长期高负荷的训练以及比赛，同时还能有利于聪明才智的发挥，对于足球运动技能的掌握也是十分有利的。

（2）重点加强足球运动员之间相互沟通的能力，在比赛的过程中，假如出现一些失误，一定要勇于承担责任，及时地与同伴之间做好沟通与交流。只有这样，才能够真正建立起具有集体主义精神的足球团队。

（3）足球运动员应该加强对自身的一些约束，在足球运动训练的过程中，运动员要虚心接纳教练员的意见和建议，并且在这个基础上严格要求自己，千万不要取得阶段性的成功之后就自满自大，降低对于自身的要求，反而要更加严格的要求自己，提高足球运动训练的水平，为我国足球事业的发展奠定良好的基础。

3. 遵循足球发展规律

足球运动应该从现代足球运动比赛的特征出发，在着眼于足球未来发展的基础上，科学有序地规划高校足球运动的训练工作，同时也使得足球运动员的培养工作能够与世界接轨。真正的足球运动员要有与现代足球比赛特征相符的特征，具体来讲，在比赛的过程中，教练员一定要教育学生按照比赛的规则和标准进行比赛。

随着足球运动技战术水平的不断提高，高校足球运动员参加比赛的要求也正在逐渐提高。所以，教练员在对学生进行训练的时候，一定要全面考虑到比赛形式的变化。

例如，随着现代足球运动的发展，足球运动员的智力因素在足球比赛中显示出更加重要的地位，具体表现为：现代足球比赛更加注重基本的配合、沟通和交流。这就要求足球训练应转变传统的体能训练中心，要重视足球运动员的运动能力发展的全面性，要具备专门的足球技巧，同时还有向其他方面进行扩展，包括战术配合、技战术创新和比赛心理调整等多个方面的内容。

4. 以兴趣引导训练

在参加足球运动比赛的过程中要学会比赛带给我们的乐趣，并且在这个无限的乐趣中逐步提高足球运动的技能与生活技巧。在足球的训练过程中，体验到足球运动的乐趣对于比赛的结果具有非常重要的作用。在平时的训练过程中，体验到足球运动训练的乐趣对于训练效果的增加也有非常重要的促进作用。基于这一点考虑，教练员一定要想方设法地提高足球运动员在训练过程中的趣味性。在训练的初期，教练员应当将足球运动的兴趣培养放在首位。在训练的开始阶段，教练员还应该让学生对足球运动有一个正确清晰地认识，在足球训练中，要对传统的训练方式赋予新的意义，使高校真正认识到足球的魅力，并将足球运动作为一项终身体育运动项目。

就高校足球运动员的训练来讲，在设计足球运动训练计划的时候，要充分考虑到高校足球运动员的身心特点与发展规律，结合高校学生身体与心理发展的状况，制定出一套真正能够符合他们自身特质的运动训练计划，增加训练的趣味性。在明确训练目的的同时，利用多种手段和方法达到一定的训练效果。在足球训练的过程中，要使高校了解、体验和热爱这项运动，然后才能使他们愿意为了足球运动而不懈努力、付出和奉献。

5. 系统有序训练

足球运动的训练是一个系统的过程。在这个过程中，需要教练员和指导员正确认识和把握足球运动训练的客观规律，结合足球运动员的身心特点和训练效果合理安排训练的目标、任务、内容并科学组织足球训练。系统有序的足球训练，对于足球运动员的技能有序提高具有重要作用。

在制定运动训练目标的时候，一定要学会将目标做一个有效的分解，将难以实现的大目标，分解成几个容易达成的小目标，这样不仅能够增加学生的自信心，而且对于运动训练的进度也有比较大的帮助。从人体生长发育的角度来讲，人由高校到成人的身心发展过程可以划分为不同的时期，这也为足球运动训练过程中指明了训练模式。

需要注意的是，在保持足球训练的阶段性的同时，还要重视同一阶段中不同运动员之间的个体差异。通常情况下，所划分出的各个阶段的年龄组别和发展特点只是粗略纲要，而在实际的过程中，教练员还要根据每个运动员的个体差异合理安排训练。

6. 注重潜力发展

优秀足球运动员的培养是一个非常艰辛的过程，因此，在足球训练中应重视足球运动员的潜力发展，只有这样才能培养出优秀足球运动员。所以，大学生足球运动员的潜力是比较大的，这同时也是国家重点发展大学生足球运动的重要参考依据之一，高校足球运动员的运动潜力大小在一定程度上决定了足球运动人才的成长空间。目前，在大学生群体中选拔出一批具有良好运动潜力的运动员，是我国足球事业发展中的重要一环。

对于高校的足球运动员来讲，他们今后的发展潜力是无限的，在教练员对其进行训练的过程中，不仅要学会着眼当前的运动成绩，而且还要重视未来几年中该运动员的职业生涯发展。所以，对于足球运动人才的挖掘与培养工作是一项非常重要的任务，教练员要从运动员自身的角度出发，制定出一些真正适合运动员发展特质的运动计划。只有这样才能够保证为我国足球运动事业源源不断地提供高素质人才。

二、教育性训练理念概述

文化教育状况是足球运动员综合素质的重要组成部分，对于足球运动员的文化教育也是我国足球事业实现不断发展的一个重要环节。长期以来，我国主要是依靠单一的运动训练来培养优秀的运动者，但是从长远来看，这种人才培养的方式并不能够满足当前培养智体型运动人才的客观需要。

我国的相关部门对这一问题已经有了比较深刻的认知，并且也已经采取了相关的政策与行动。在有关部门的积极配合下，校园足球活动也已正式启动，我们国家的足球运动训练要在提高运动员技战术水平的基础上重点从育人的角度出发，全面重视足球运动员文化课程的学习，将足球运动与教育理念相互融合，这对于培养一批有思想有文化的综合足球人才具有非常重要的作用。

三、教育性训练理念的运用

创新教育理念是与教育观、教学观、师生观、人才观相关的科学理念，它反映出时代与社会的客观需求，能够为学生的不断发展创造更好的教学环境与学习氛围。具体来讲，创新教育理念在现代足球训练中的运用主要表现在以下几个方面。

（一）传统教学观念的不断转变

在足球运动的教学过程中，一些比较陈旧的教学观念与教学理念应该逐渐被大众所摈弃，取其精华，去其糟粕，紧随时代进步的潮流，转变教学观念，在教学的过程中更加突出管理制度的伸缩性、灵活性以及多样性，最终目的就是使得学生的共性与个性得到全面发展。

具体来讲，传统教学观念的转变主要体现在以下两个方面。

1. 做到以“教”为“学”

在进行足球运动教学的过程中，体育教师的教学仅仅是一种为了实现某种教学目的的教学手段。在这个过程中，要学会积极引导与启发学生的学习积极性，做到以“教”为“学”，重点提高学生在足球学习中的创新能力。

创新性的教育理念认为，现代足球运动教学一定要保障学生的主体地位，教师在这个阶段中仅仅起到引导与指导的作用。同时，在教学的过程中教师扮演的是“传道授业”的作用，最终目的就是实现“教”为“学”。

2. 更加重视学生的主体地位

在教育教学活动中，足球创新教育理念与传统的教育教学理念的本质区别就在于，是否注重学生的主体地位。在传统的教学方式中，教师主要起主导和指导的作用，而学生则是教学的主体。在学生学习的过程中，如果只是由教师进行教学难免会出现判断不客观的情况，甚至有时还会带有主观偏见性，这就会一定程度上挫伤学生学习的主动性和积极性，长此以往就会导致学生慢慢地厌倦足球课程。因此，在足球教学过程中，从课程设计到学生成绩评价的各个环节，应该始终将学生放在一个重要的位置来看待。当然，在注重学生地位的同时，并不能忽视教师的地位，应该将学生和教师进行有机地结合，只有这样才能激发学生学习足球运动的积极性，使教学的效果得到提升。

重视学生的主体地位，是创新教育理念在现代足球运动教学中的重要运用。创新教学理念需要强调的是一定要学会调动学生在学习过程中的积极性与主动性。这种教学模式与以往传统教学模式有很大的不同，课堂上知识与技能单纯的传递方式之间发生了一定的变化，这不仅锻炼的学生主动发现问题与解决问题的能力，而且对于学生的学习压力也有一个良好的释放。只有这样，才能将学生在足球运动的学习过程中由被动变为主动。

（二）足球教学理念的不断创新

在现代的足球运动教学过程中，学校要更加注重培养全面发展的足球人才，这样就会要求学生拥有比较高的综合素质。这与创新教育所要求的发展更加全面的高素质体育人才理念。在传统的足球教学过程中，技战术运动是足球教学的重中之重，足球运动也被誉为“以脚支配为主，两队在同一场内进行攻防的体育运动项目”，这也就是说足球运动被定性为了以“球”为主的运动项目。

以“球”为主的教学模式并不是最佳的教学方式，其实真正的足球运动需要以“人”为主，很多教师在教学的过程中都以“球”为主，在一定程度上忽略了“人”的重要性，学生的主观能动性也会被忽视。这种做法是非常不合理的，并不符合足球运动教学的实际要求，学生在教学过程中不仅是运动的参与者，同时也是足球运动的主体；在对学生进行训练的时候，应该以促进学生的全面发展为教学的根本任务与目标。

在高校足球的教学过程中，教师应当将创新性的教学理念进一步贯彻到高校足球运动的教学过程中，在培养学生足球运动意识以及道德情操的基础上，还要促进学生全面的发展，也就是全面发展学生的思想道德、体能素质以及心理素质等多种综合素质，为走向社会奠定良好的基础。

（三）陈旧教学模式的不断改革

足球运动是一项群体性非常强的运动项目，他要求运动员之间要有非常默契的配合，足球运动员所掌握的每一项技术动作都要经过非常刻苦的训练，并且很多技术动作的训练一般都是非常枯燥和乏味的过程。基于此，教练员就要想方设法地调动运动员的训练积极性，采取多种教学方式相结合的教学模式，增加运动训练的趣味性，增强学生的创新能力，将新型的教学模式运用到现实的训练过程中，经过总结归纳，现今最先进的教学模式如下（图 3-1-1）。

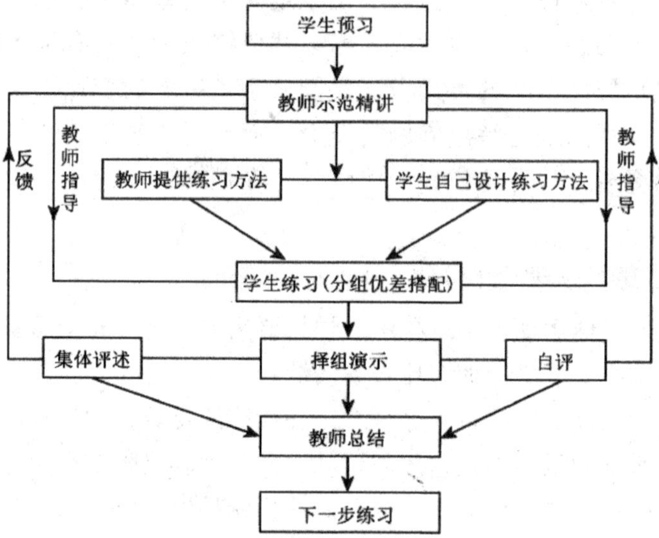

图 3-1-1　现今最先进的教学模式

1.“情景剖析”教学

运用“情景解剖”的教学模式不仅能够有效地提高学生对于知识的掌握能力，而且对于增加学生学习的趣味性也有很大的帮助，这种观点的主要原因有两点。

（1）课前准备工作对体育教师的授课质量具有非常大的影响力，同时学生在教师教授之前进行动作预习，对于快速习得技战术也有非常大的帮助作用。

（2）在高校足球教学的过程中，对于一些难度比较大的动作或者是战术应该分步进行讲解，有利于学生阶段性的掌握；对于学习的动作也能够有比较深刻的认识，教师课堂上对于学生的指导是最直接的提高学生比赛成绩的方式。

2. 情感创新教学

在足球运动的教学过程中，教师要适当地培养大学生的创新能力，适当让学生自主进行组织运动技能的设计。教师在合适的时间段为学生创造出一个相对舒适的学习环境，激发学生散发思维，调动他们的积极性，对于平时训练过程中遇到的一些实际问题都能够得到解决。

随着时间的推移，学生的身体素质和运动技能等都会随着训练程度的增加而不断增加，学习对于一些训练过程中出现的问题也能进行解决，分析和解决问题的能力都会有明显的提升。在高校足球创新的教学模式中，学生不仅能够在教师的指导下进行训练，同时自己还能够创造性地发明一些有利于提高训练效果的技能。学生在学习过程中，也会变得更加善于学习、乐于学习、勤奋好学。只有做到以上几点，才能够真正称之为名副其实的创新型教学模式。

(四) 落后教学方法的不断变革

就目前的情况来看，一些陈旧的教学方式与教学程序所起到的实际效果往往比较微妙，因为这种教学方式在一定程度上忽略了足球运动项目自身的特点，有些学生虽然在训练的过程中比较娴熟地掌握了运动的技能，但是在实际的比赛过程中却难以运用，在一定程度上就会出现“高分低能”的状况。

从另外一个角度来讲，这种相对落后的教学方式一般强调的是教师在教学过程中的作用，忽略了学生的作用和地位，这对于有一定足球运动天赋的球员来讲，无疑是致命的打击。所以，创新教育理念应该对一些落后的教学方法不断进行变革，找到一种更加符合学生运动训练特征的教学方式。

下面，我们将对几种比较有代表性的教学方法进行内容和教学方式上的分析。

1. 情境教学法

所谓的情景教学法就是在足球运动的教学过程中，将一些全新的教学理念与教学方式与具体的教学环境进行有效结合，并要通过不同的教学方法和教学组织形式将足球训练融入其中，把学生带入到特定的情景当中去，让学生能够在教学情景当中学会设身处地地去设想和探索，把每一位学生的运动潜能发掘出来。

例如，教师在教学过程中教授“二过一”的技术动作时，可创设如下教学情境：“我们正在进行足球对抗赛，对方防守很严密，我们可以采用什么办法突破对方的防守？”随后，教师安排学生进行一人防守两人二过一的练习。在练习该技术时，不同的同学会采用不同突破防守的方法，如踢墙式、斜传直插，等等。情境教学法可以活跃课堂气氛、激发学生学习足球的兴趣，从而有利于学生对足球动作技能的较快掌握。

2. 互动教学法

教师在传统的教学课堂中通常居于主体的地位，而学生居于客体地位，这是一种教师负责教而学生负责听的课堂教学，并不能够使师生之间进行情感和知识上的良好互动，这样也就不利于学生对于足球运动的理解与掌握。

在创新教育理念的指导下，互动教学法就是要求教师作为体育教学活动的组织者与实施者，充分将学生在足球学习中的主体地位体现出来，最大限度地为学生营造出一个比较宽松、舒适的训练环境。这种互动教学法能够使学生在学习的过程中充分发挥出自己的聪明才智，积极进行思维上的创新，打破原有的学习模式，最终在新型的教学理念指导下，在同等的学习时间下掌握更多的运动技能。

拿具体的事例来分析，如教师在进行足球前场局部进攻战术教学时，应该让学生根据自身的技术特点进行进攻与防守，之后可以通过进攻方与防守方同学的相互交流与讨论，并最终总结出最适合学生的进攻方案。在整个教学过程，应该采取“讨论——实践——应用——讨论”的过程，从而提升学生的战术水平。

3. 探究教学法

在足球运动的教学过程中，探究式教学法的运用就是在教师的指导下，在学生原有的学习基础上，发散自己的思维；在学习的过程中将自己遇到的问题收集起来，在今后的学习过程中能够有目的地去听讲，全面提高学生探究式学习的能力。

例如，在练习击球的过程中，如果一些学生有一定的足球运动技能基础的话，就可以用脚踢球、头顶球和胸顶球等，以充分利用身体的各个部位。教师在此过程中应积极引导和鼓励学生进行探索，使学生在探索中自主获取运动知识和运动技能，从而增强学生的自信心，激发他们学习足球和热情和兴趣，使他们在足球教学中学会探索、乐于探索、勇于探索。

4. 念动训练教学法

（1）念动训练教学法的意义

念动训练教学法又称“表象训练教学法”“想象训练教学法”，实际上也是一种模拟练习的教学形式。念动训练教学法就是通过词语唤起对一种动作过程的紧张想象，同时借助表象进行动作演练的方法。

念动训练教学法对于改进动作过程和加速学习过程所起的作用，已被试验证明效果很好。学生能够意识地在大脑中形成运动的印象，这种在大脑内部反复进行动作演练的训练过程，在一定程度上能够唤起神经生理的反应，最大限度地使表象过程产生相应的肌电活动。这一过程能够使运动员建立起正确的动作定型，加深运动员对于正确动作的掌握程度。

进行念动训练教学的前提条件就是使学生建立正确的运动表象，学生头脑中运动表象的形成与建立是随着学习的深入不断完成的，学生通过看教师的动作示范就形成了视觉表象。在跟着教师做某几个动作之后，学生在头脑里重现出这几个动作的映象（动作的力量、幅度、方向和运动的感受等）就是动觉表象。既看过又做过的动作的映象，在头脑里重新呈现出来就形成了视一动作的联合表象。如果不能在头脑里唤起学习过程的动作的表象，学生就不能够重做这个动作或者说这个动作已经忘记了。念动训练教学的运用应该在学生已经建立了动觉表象之后，才能够取得相应的效果。由于这时学生的运动表象与动作过程已经初步建立联系，脑中所想与实际所做逐渐开始吻合。

（2）念动训练教学法的种类

念动训练教学是随着学习困难程度提高的情况下而言的，它具体包括以下三种形式。

①自我暗示

自言自语地训练自己说出相关动作的过程。自我暗示适用于足球运动简单动作的教学与复杂动作教学的初学阶段，如运球、颠球等基本的足球技术。

②用念动法加深感觉训练

用念动法加深感觉训练就是观察他人练习时的想象动作过程。当足球技能的学习进入分化阶段时，运动员的头脑中已经基本建立较为清晰的正确动作的运动表象，同时能够较好地与实际动作过程相结合。通过对其他运动员的动作进行认真观察之后，能想象出具体的动作要素与要求，从而在练习过程中有效控制自己技术动作的一些环节。

③用意念法去意识运动训练

这种意念训练教学对于改进和巩固足球运动员的技术动作，提高运动技术的稳定性与综合性，建立正确动作的定型有明显的作用。

（3）教学中动用念动训练教学法的基本要求

①使动作过程口语化

把动作过程及要求简化成为简单的词语，有助于学生默念（自我暗示），同时唤起动作的运动表象。

②建立正确的运动表象

只有在建立正确的运动表象基础上，才能够形成正确的想象多同时以此为基础进入思维活动。在采用直观方式教学时，教师的动作应该规范、正确，同时结合讲解使学生建立正确的动作概念。另外，还应该将动作要领简化成为口语，建立口语与动作过程的联系。

③培养学生的想象能力

不管采用念动训练教学的哪种方式，重点是应该让学生在头脑中清晰地重现与感觉自己做出要做的技术动作或者反应。只有具备生动的想象力的学生，才能有效地进行念动训练。

（五）成绩评价标准的日趋合理

教学评价标准一直以来都是高校教学改革中教育工作者进行探索的重要内容。当前，我国的高校体育课程当中，足球运动的考核制度很大程度上都会采取理论知识与技战术能力相结合的评价方式。这种评价方式虽然兼顾了学生的理论知识，但是这种评价的比例却出现了失调的现象，忽视了一批真正具有高水平技战术的学生，并且对于学生足球意识的评价也没有做到位。这与国家倡导的“健康第一”理念是完全不相符的。

在新型的教学理念下，高校足球运动成绩评判标准应该主要参考以下两个基本的条件。

（1）在进行运动成绩考核的时候，应该适当地降低技术内容的比例，同时还要将学生的身体技能水平、心理素质以及足球实践能力纳入考核的范围，将原来单一的评价机制改变为多元化的成绩考核标准。

（2）运动成绩考核应该将学生的日常出勤、学习态度、进步幅度等因素纳入成绩考核当中。只有这样，才能使足球运动的成绩评价标准符合新课程改革下素质教育的要求，从根本上促进教师教学质量与学生运动水平的提升。

第二节　现代足球战略性训练理念的运用

一、战略性训练理念概述

战略性训练理念①可以分为教育发展训练理念、可持续发展训练理念以及科学技术发展训练理念，等等。当代足球的战略性训练理念，是人们对于足球运动的规律把握以及长远发展所持的宏观性、方向性、持续性的判断。

通过认真分析欧洲足球的成功经验就可以发现，科学的足球战略性训练理念对于足球运动的发展具有非常重要的作用，它是足球运动发展的一个重要战略基石与平台，而高校足球教学的开展与人才的培养必定能够在此基础上取得良好的效果。在我国当前的足球运动发展过程中，这种战略性训练理念也被逐渐加入教育当中，成为学校教育工作的有机组成部分。而高校的足球训练项目也应该包含在学校体育项目当中，这样就能够在很大程度上保证这种训练模式与理念的推广普及。高校的足球训练是一个国家足球运动可持续发展的基础与核心，因此在高校足球训练过程中，足球指导员应该在掌握足球运动的特征及其规律的基础上，对高校的身心发展规律进行认真了解，尊重高校球员的个性特征，从球员的兴趣人手来引导训练，引导球员进行积极的思考，使他们获得信心、能力等多方面的提升，更好地激发球员的创造性。

战略观念对于战略决策起着主导的作用，而战略决策又决定了战略的最终结果。足球战略性训练理念的科学性对于足球教学的发展方向、规模、教学质量及水平等方面具有决定性作用，并会对足球整体的竞技水平产生非常大的影响。可以说，足球战略性训练理念是否科学合理对

① 战略性训练理念是指足球指导员在运动训练发展过程中对于足球运动的本质、规律性的把握及长远发展所持的全面性、指导性、方向性和创新性的看法与判断。

于一个国家或者地区在该运动项目上的发展方向、模式、水平等方面，具有决定作用。

（一）现代足球培养目标的理念内涵

随着时间的推移，足球运动得到了长足的进步与发展，我国足球为了能够紧跟世界的步伐与潮流，取得比较优异的比赛成绩，重点加大了足球运动技战术的培养，但是这种相对片面的培养方式与国家所要求的教学理念之间存在一定的误差。如果现在我们不加以改善，不仅会阻碍学生个人特长的发挥，还对于足球后备人才的培养也会产生很大的不利影响。

如果要想真正使大学生能够适应现代足球运动发展的规律，需要做的就是将足球运动员的综合素质培养工作尽快提上日程，全面结合足球运动员的技战术水平、理论知识技能以及心理素质培养等，更好地挖掘运动员的运动潜能，才有可能真正实现自我突破。基于此，高校在对运动员进行训练的过程中不仅要时刻注意运动员的比赛成绩，同时也要将发现人才与培养综合性人才纳入教学计划当中。

（二）现代足球教学训练的实际问题

1. 训练内容相对单调

我国的足球运动员身体素质和一些足球发达国家相比，存在比较大的差别。有些教师为了单纯地提高运动成绩，在一定程度上就忽略了身体素质的训练，只顾眼前的利益，将运动员长期的综合发展置之脑后，违背了足球运动的发展规律。正是这种片面追求成绩的做法，导致了足球运动员在技战术能力上的缺失，最终导致比赛成绩的落后，学生在接受训练的时候只是单纯地接受技战术的训练，并没有穿插一些身体素质的训练。这也使得训练的手段变得单一、枯燥，不利于运动员成绩的提高。

2. 运动员假龄问题突出

在足球队伍中，一些足球参赛人员的年龄问题成了困扰大家的重要问题，一些运动员为了能够取得优异的比赛成绩，谎报年龄，以大打小。这对于小年龄段的足球运动员有很大的打击，本应在足球场上奔跑比赛的运动员却失去的比赛的资格，这在一定程度上就会影响到足球运动员个性特征的发挥。

3. 对于足球理论的发展与认识相对滞后

要想真正提高运动员的训练水平，在训练实践的过程当中一定要有正确的教学理论作为指导，理论的正确运用能够很大程度地解决一些场上遇到的难题。同时，在理论的指导下进行技战术的训练不仅能够快速提高训练效果，还对于掌握技能的正确性也大大提升。从现实的教学过程中，我们根据调查得知，现阶段，我国足球的教学训练中，对于一些基础的运动理论没有能够引起教师和学生的重视，这种理论与实践脱节的现象肯定不利于足球运动的发展。

4. 体能是当前进行球员组队的重要依据

在足球人才的培养与选拔方面，有些教师只是单纯地从学生的奔跑能力、身体素质等硬性条件入手，而对于人才的协调能力、足球意识、观察力等都没有能够做到全面考察。这不仅违背了足球人才选拔的原则，同时对于很大一部分人来讲失去了今后参与足球运动的机会，这是十分不公平的。在今后的人才选拔过程中，一定要参考身体素质的基础上对其他素质同样进行考核的条件下进行选拔。只有这样，才能够保证选拔出来的人才具有全面的素质，不至于出现“偏科”现象。

5. 教学方式的片面性

在一些特定的时期内，不同运动员参与运动训练的效果会出现很大的差距。有些人经过一段时间的训练之后，在运动成绩上会有比较明显的提高，但是有些人经过一段时间的训练之后，运动成绩停滞不前，这不仅会对成绩相对落后运动员造成一定程度的打击，而且对于成绩较好运动员来讲，很可能会产生自大的心理现象。之所以出现这种现象，我们承认肯定会与运动员自身的一些素质有很大的影响，但是从另一个角度来讲也会与教师的教学方法有很大的关系。教师所使用的教学方法，仅仅适用于成绩提高较为明显的一少部分运动员，对于大多数人来讲，并不能适合自身的发展。

6. 对于足球意识的培养不够重视

在当前的足球教学训练过程中，很多教师并不会以全面培养足球运动员的运动意识为前提，片面追求运动比赛成绩，忽略了足球运动意识的培养，无限增加足球运动技战术的培养，这反而会造成运动成绩的下降。在没有良好足球运动意识的指导下，单纯提高足球运动技战术，不仅在比赛中失去一定的比赛优势，还对于比赛成绩的提高也不会有太大的帮助。

现代足球运动理念人为，在足球比赛的过程当中，足球技术是依靠运动员机体之间的协调来完成的，机体之间的协调完全依靠大脑的支配，足球运动意识恰恰是完成大脑支配的重要组成部分。所以，足球运动意识的重要性可见一斑。

二、现代足球发展规划的实践特征

（一）注重局部地区的发展

根据目前的情况来讲，我们国家的足球运动主要集中在几个比较大的城市当中。如果要想在全国范围之内进行高校足球的发展规划，是有很大难度的，同时在经济发展不好的情况下，一些高校根本没有时间和精力去发展足球运动，这在一定程度上也使得足球运动在当地没有广泛的群众基础。同时，一些特殊地区的体育教师并不具备教授学生足球运动的能力，这也是造成足球运动在学校不能发展的另外一个重要原因。

现代足球理念强调的是对足球运动员的一个长期性的过程，我国近些年以来对高校足球运动员的培养做出了非常大的努力，不仅在经济上予以支持，同时在人才上也给予了很大的帮助。这也使得很多高校的学生加深的对于足球的热爱，并从足球运动中获得了自发展的动力。自此，足球运动在高校得到了普及，在多方努力下足球运动在学校的开展进入了一个崭新的阶段，并沿着健康、多元化的方向发展。

（二）注重各个梯队的建设

优秀的足球运动员不是通过短时间的集训培养出来的，而是需要一个长期训练的漫长过程，但是在我国的足球运动培养模式当中，国家会片面地强调技战术的提高，组建国字号的队伍，在一定程度上却忽视了足球运动员的长期发展，限制了足球运动的社会效益和经济效益的获得，表现出了明显的滞后效应。基于此，我们应该适当改变自己的培养模式，无论是国家还是俱乐部都不能片面地追求眼前的比赛利益，要将眼光放得长远一些，在训练的过程中持续给予足球运动员以最大的帮助和支持，注重并加强足球队伍的长期建设。

（三）足球比赛体系的建立与健全

就当前的情况来看，足球运动比赛的体系还不够健全，尤其是在高校足球队的比赛体系上，存在很大的漏洞。所以，在训练的过程中要适当增加一些比赛性质的训练最大限度地模仿比赛时的强度和规则，进而对足球的比赛制度进行完善，让足球比赛的体系变得更加健全，为足球运动员的长期发展奠定良好的基础。同时，还要积极敦促足球运动员在实际比赛环境下自身运动能力，以及应变能力的全面提高。

三、现代足球战略观念和训练理念的结合

在足球运动的教学过程中，现代足球战略性发展理念要与训练理念相互吻合，最大限度地保证训练效果能够达到一定的要求。

（一）战略观念决定训练的结果

足球战略的观念与足球战略的决策两者是相互统一，相互影响的关系，足球战略观念能够决定战略的决策，同时战略的决策也能够决定足球战略的结果。

足球教学训练理念的正确科学与否，在一定程度上会直接决定我国高校足球的发展模式、发展水平以及今后的发展方向。从这个角度来讲，我国急需改变当前的足球教学训练理念，现阶段，我国所遵循的教学理念影响了足球运动员的自由发展，应该在重视足球运动员体能素质发展的基础上，还要注重运动员心理素质的提升，积极促进足球运动员技战术能力的提高以及比赛应变能力的提高。

（二）训练理念指导训练的实践

正确的足球运动训练理念，是保证足球运动成绩的重要因素之一。只有在训练的过程中拥有正确的训练理念之后，才有可能在比赛的过程中取得比较好的比赛成绩。

通过分析我国足球运动的现状，我们不难看出，我们足球运动成绩与西方国家存在很大的差距，很大一部分原因就是足球运动训练的理念存在很大的问题。所以，认识到问题的根源之后，我们就要采取切实的行动，将足球运动教学的问题彻底解决掉，构建全新的教学理念。只有这样才能够为我国的足球事业培养出更多优秀的后备人才，在一定程度上提高我国足球在世界足坛的地位。

第三节 现代足球操作性训练理念的运用

一、操作性训练理念概述

操作性训练理念[①]对于足球运动的训练采取人性化的管理，注重“感情投入”与“制度操作”的结合；积极与球员进行良好的交流与沟通，通过合理、灵活的方法培养球员的技战术能力以及场上的自信心。同时，注重在细节上建立严格的训练执行标准与管理制度，不给任何借口留下机会，这也正是强队与一般队伍的重要区别。

操作性训练理念要求教练员应该对足球运动的特征进行深入全面的了解与把握，要结合足球比赛的本质来组织相关的运动训练，同时还应该依据足球运动的本质来对训练进行指导。训练的最终效果是由教练员的执教行为与运动员的训练态度决定的，而教练员的执教行为以及运动员的训练态度，则是由他们所形成或者所秉承的训练理念决定的。

足球操作性教学训练理念在高校足球的教学实践中，对于体育教师具有非常重要的指导作用，它能使教师有针对性地对学生的训练进行指导，提高教学过程的趣味性与有效性，从而更好地挖掘足球运动员的足球运动潜力。因此，对学生足球训练规律的认识和把握有着重要意义。

虽然我国的足球运动有比较悠久的历史，在足球运动中也投入了比较大的人力和财力，但是我们国家却没有培养出一些非常优秀的世界顶级球星，这在一定程度上从侧面表明了我国现代足球运动训练的理念肯定会存在比较大的问题，在足球运动的教学训练中也会缺乏一定的针对性与操作性；教学训练过程中也会存在不合理与不科学的现象，诸多因素的相互交融共同造成了我国足球运动的落后状态。

① 所谓操作性理论是指高校足球教师在教学训练过程中，对学生的身心发展、足球发展二者的规律及学生学习认识的客观规律、比赛能力的提高所持有的有效性、针对性、持续性、实战性的看法与判断。

二、现代足球教学训练理念的特征分析

足球这项运动的操作性非常强，教师在足球教学训练过程中应该将自己所掌握的理论、技术、经验进行有效的结合，通过教学实践不断提高足球教学训练的质量，更好地挖掘足球运动员所具备的运动能力与运动潜力。

（一）足球教学训练组织的理念特征

学生对于足球训练内容与训练目的的了解程度，会直接影响足球教学训练的质量与效果，让学生更加深入地掌握足球训练的内容与目的是进行足球教学训练的重要方法；同时也是保证学生有针对性地参与教学训练的前提与基础。

就当前的教育现状来看，我国高校足球教师在教学训练的内容的安排上普遍缺乏相应的针对性与可操作性，具体表现在以下几个方面。

（1）在上课之前没有制定出周详的训练计划，对于训练的目标与内容没有能够很好地把握，训练的过程肯定也不会有系统性；教师在上课的过程中也不能做到有教无类，针对每位学生的身体及心理特点进行相应的训练。

（2）训练的方法存在很大的问题，体育教师在教授的过程中一般都是采用“一刀切”的教学方式，这对学生训练成绩的增长几乎没有什么作用。所以，教练员在传授技术的时候一定要找到合适的方法，这样才能够以最快的效率提高学生运动训练的成绩。

（3）教练员在学校环境的教学过程决定了以球队建设为中心的教学思想，但是对于球员个体的发展却忽略了教师之间肯定会有教学成果的测评。所以，有些教师为了比赛成绩，片面地追求一些技战术的提高，忽略了球员个体的发展，这在一定程度上就会造成球员身体素质和心理素质的缺失，对于今后的发展产生了很大的影响。

1. 训练计划

在我国的高校足球教学训练过程中，体育教师以及一些教练员的专业知识与素养往往是比较低的，他们可能在技战术的教学方面有比较高的水平，但是对于一些基础知识的教授水平却不高。这就造成了在制定足球运动训练计划的时候，不会有较强的能力，对于学生训练的计划存在一定的

漏洞。在他们看来，制定教学训练计划通常是一件费时、费力，并且实际效果不明显的过程，这就暴露了他们基础知识的缺陷。

2. 训练内容

高校足球运动成绩的提高与学生平时的训练内容有很大关系，学生只有在学校内接受比较正规、科学的训练内容，在真正比赛的过程中才能够发挥出它的作用，运动训练的成绩才能够提高。基于此，大学生在高校训练的内容就成为决定运动成绩的重要因素，但是我们面临的实际情况却不容乐观，高校足球运动训练过程中依然存在很多问题。比如，大多数球员都存在的一个问题就是他们在训练的过程中往往会趋向于有球的区域，并不会观察整个赛场的形式，在一定程度上失去了传球与进攻的机会，贻误了战机。

由此可见，高校足球在训练的过程中一定要稳扎稳打，一步一个脚印地进行，切勿贪多、贪快，不断提高大学生对于足球运动训练的进攻原则、进攻形式与进攻时机的判断。在足球的教学训练过程中切实将球员之间的配合融入比赛过程中，在训练的过程中重点加强进攻与防守的能力。

3. 训练负荷

高校足球运动的教学训练并不是一朝一夕的事情，而是一个长期的、循序渐进的过程，训练负荷的大小对于运动训练的结果具有非常重要的作用。当教练员在安排训练的时候，训练量和训练强度之间始终是矛盾的，训练强度增加的时候，训练量就要适当减少；训练量增加的时候，训练强度也要适当减少。两者并不能同时增加或同时减少，否则不能保证运动训练的效果。

在教学的实践过程中，很多教练员都比较重视一些高强度、大运动量的训练，但是我们参照国外足球运动比较发达的国家（表 3–3–1），他们的运动时间与强度并没有我国的运动强度大，但是他们取得的训练效果却比我们要好得多。我们并不否认与当地的足球文化和足球环境之间有一定的关系，但是科学、合理地安排足球训练对于提高足球运动成绩，的确是一件非常重要的事情。

表 3-3-1　高校足球训练负荷安排

年龄段	训练次数	训练时间
10—12 岁	每周训练三次 （一次个别和小组训练）	个别训练 75 分钟
13—14 岁	每周训练三次 （两次个别和小组训练）	个别训练 60 分钟
15—16 岁	全队训练五次 （两次个别和小组训练）	全队训练 75 分钟 个别训练 60 分钟
17—21 岁	全队训练四次 （三次个别和小组训练）	全队训练 75 分钟 个别训练 60 分钟

足球运动技能的高低与很多因素有关，其中训练的频率、性质与强度等因素是比较重要的因素，当足球运动训练的强度与实际比赛强度相符的时候，在真正比赛的过程中就会取得良好的比赛成绩。就目前的情况来讲，我国足球运动员的训练次数和训练频率远远不够，并且训练的内容和方式方法也存在很大的问题，这也正是我国足球运动在世界上一直没能取得令人满意成绩的重要原因之一。

运动员要想在竞争激烈、干扰性强的比赛场上取得比较满意的运动成绩，足球训练的次数、频度、强度起着非常关键的作用。

因此，在高校足球教学训练中，教师应该重视制定科学合理的训练计划、训练内容以及训练负荷，从而更有利于高校足球教学训练任务与目标的实现。

（二）足球教学训练指导的理念特征

具体来讲，当前足球教学训练指导的理念特征主要包括以下几个方面。

1. 强调细节

在教练员进行教授的过程中，需要对运动员的动作细节进行相应的指导，避免运动员在训练的过程中出现一些细节上的错误，往往是这些细节上的错误会导致整个训练的失败，并且在训练的过程中要时刻注意训练的内容一定要能够在实际比赛中运用得到。

运动员在训练的过程中通常都是低头训练的，尤其是运球的训练，但是在实际比赛的过程中，低头运动是一件非常愚蠢的事情，运动员需要时刻抬头观察场上的局势，找到合适接球的球员；如果运动员在训练过程中没有养成抬头运球的习惯，在比赛的过程中将会很难改变，传球的质量也会比较低，容易造成传球失误。

所以在训练的过程中，教师一定要注意将每个学生的动作细节进行纠正，将训练的内容和目标很好地进行融合，最大限度地做到结合场景向学生讲解这样做的目的，让学生能够根据场景来选择相应的技战术方法。

2. 结合实战

在高校足球教学训练过程中，一些缺乏激情或者是积极性与主动性不强的现象时有发生。基于此，教练员在制定训练计划的时候一定要实现进行恰当的安排，将整个训练内容做一个比较合理的规划，同时在制定训练计划的时候一定要符合整个球队的作战风格与大多数人的技战术特点。只有让学生在训练的过程中真正感受到训练的乐趣，增加他们的自信心，才能够提高运动训练的效果。从另外一个角度来讲，教师应该全面指导学生在训练的过程中避免一些呆板的做法，灵活地将训练的实际情况与训练计划进行有效的结合。

3. 注重球员

足球运动的训练内容基本是不变的，但是训练的手段是千变万化的。运动员只有在训练过程中不断突破自我，才能够在运动技能方面有较大程度的提高；但是现在有些高校在教学过程中还是采用“填鸭式”的教学模式，这不仅会使运动员失去自己的想象力和创造力，而且教学的效果还不会太明显，最终在球场上出现技不如人的现象。

从另外一个角度来讲，教练员在教授的过程当中，一般还会存在另一种误区，即当运动员找到适合自己的运动方法之后，但凡有一点违背教练员的意思，就要遭到教练员的否定，长此以往，运动员的天分与创造力就会被抹杀，不利于运动水平的提高。

在足球运动训练的过程中，由于每个运动员的身体素质与心理素质都会存在比较大的差别，教练员在这时反而对他们一视同仁地进行训练，训练计划和训练手段没有任何的差异化，这在很大程度上就会造成运动员的训练水平高低不一，并且这种差异化也会越来越明显。所以，在制定教学训练计划之前，教练员一定要充分认识到球员是整个训练过程中的主体，教练员对每一位运动员都应该给予充分的重视。

（三）球员自信与兴趣激励的理念特征

“兴趣是最好的老师”，在兴趣的激发下更加能够使人有接触对象的意愿，进而发生下一步的探索与认知。兴趣是足球运动员从事足球运动的最为重要的心理动因，这样足球运动才能够变得越来越有趣味性与建设性。

当足球运动得到一定程度的提高之后，运动员的自信心自然而然就会得到增加。在比赛的过程中，如果运动员都有必胜的信念，这对比赛的情况将会有很大的帮助；自信心不仅能够让学生们建立起必胜的信念，而且对于一些复杂和突发情况的判断上也能够做到果断处理。有自信的球员在比赛中通常都能够保持比较冷静的心理状态，也能够将自己的注意力都放在比赛的过程当中，及时把握场上的进攻与防守机会，把控比赛的节奏，取得比赛的胜利。

在足球的教学训练过程中，教练员一定要学会对球员适当鼓励，帮助运动员分析错误，同时找到改正的方法，建立强大的自信心，同时教练员还应该鼓励运动员进行思考，不仅是场上比赛形势的考量，而且对于与对方运动员的心理状况也应该有一个良好的预判。

三、现代足球训练理念的完善

（一）让训练成为球员的一种享受

众所周知，单纯的足球运动训练是一件非常枯燥的事情，一些执教能力强的运动员能够以此为出发点，通过各种手段和方法让学生感受到踢球的乐趣。这种指教方法的实行就需要摈弃原有传统的教学手段，教练员根据每位学生的身体素质以及足球运动技战术能力基础，制定出适合大多数学生的运动计划，在这个运动计划中学生们能够摆脱原有枯燥的训练手段，以一种相对快乐和享受的心态参与到运动训练当中来。这不仅能够增加训练的趣味性，同时对于训练水平的提高也会有比较大的帮助作用。

综上所述，教练员在直角的过程中应该将足球运动当成一种运动员的游戏，在快乐激进的氛围下完成足球运动训练，运动员也能够在相对快乐的心态下完成训练，并且加深对于足球运动的喜爱，运动员参与足球训练与运动的动力就会得到更好的激发。因此，足球训练应该始终将培养兴趣放在重要位置，让枯燥无味的运动训练转变成为运动员的一种乐趣。

（二）结合球员的特点进行针对性训练

足球训练的最终目标在于教会学生如何踢球，这就对于高校运动员的技战术、体能素质以及心态等方面，都提出了非常高的要求。在学校中正规的足球运动训练得以开展的难度是非常之大的，因为学生之前并没有接受过正规的训练，要想在短短几年的时间内在身体素质以及技战术水平上得到较大幅度的提高更是难上加难。这就要求教练员在对学生进行训练指导的时候，把大的目标分解为几个简单的小目标，这样做的目的是，不仅能够增加学生运动训练的自信心，同时在一定程度上还能加快最终目标的达成速度。在这些小目标中都是一些比较容易实现的内容，学生在达成这些小目标的过程中一定要发挥不怕苦、不怕累的意志精神，脚踏实地地完成每一个小目标，在完成小目标的过程中不断向终极目标靠近。

由于不同的学生具有各自不同的生理特点与心理特点，因此足球教练在安排训练的内容与强度的时候一定要有针对性；切忌盲目地进行训练，因为这样不仅消耗了运动员的身体，而且训练的效果也不能达到预期，应选择出科学的训练方式与训练方法，保证足球运动员的训练过程能够与其身体发展相互吻合，进而从一个初学者逐渐过渡到一名优秀的足球运动员。具体来讲，针对性的运动训练应该做到以下两方面。

1. 遵循运动员身心发展的特点进行训练

随着运动训练的不断进行，运动员的各种运动素质也得到不断的发展和提高。但对于足球运动员的培养，尤其是高校运动员而言，处在不同时期的生长发育特点肯定会存在比较大的差异性，有些适应能力比较强的运动员生长发育能力就会比较快，有些适应能力比较弱的则生长发育相对慢一些。他们的身体系统发育之间有一定的差别，这是必然的，也是一种非常普遍的现象。基于此，教练员在安排训练的过程中应该根据大学生身体生长发育的基本规律进行计划的制定，合理选择运动训练的负荷，进行有针对性的训练，保证训练效果的达成。

2. 遵循运动员竞技能力发展的特点进行训练

足球竞技能力是指运动员参与足球比赛的能力。要想取得比较理想的比赛成绩，这不仅取决于运动员自身竞技能力的发挥，同时也受制于对手竞技水平的发挥。

般情况下，足球运动员的竞技能力通常包括技术能力、身体素质、战术能力和心理素质四个方面的内容。其中，成功战术的执行离不开技术与身体素质，但是战术的发展也得益于身体素质与技术的发展。同时，战术与身体素质和技术又有一定的促进作用，良好的心理素质能够保证身体素质和足球技术的完美发挥，四者之间是相互作用、相互促进的。

由此可见，运动员竞技能力构成要素的四个方面之间是相互影响、相互融合的关系。在平时训练的过程中，教练员应该将运动员的这四个方面的素质结合起来进行，使其获得共同发展。

（三）训练指导与球员的发展需求同步

在进行足球运动训练的时候，教练员首先要制定出与运动员身体素质发展相呼应的训练计划，同时运用科学的训练理念与正确的执教思想进行课程的设计与计划的安排，为促进大学生足球运动技战术水平的提高奠定良好的基础。

教练员应该不断优化足球训练的教学方法，只有不断进行改进才能更好地适应运动员的长期发展需要。教练员应该将“足球的重要基础”移植到高校学生的接受水平，从而在教学之余更好地进行学生足球训练的设计和实施。

一名高水平的足球教练员一般都应该具备丰富的足球训练理论知识、扎实的技战术水平以及高水平的教学与训练能力。根据目前我国的实际情况来看，全国范围非常欠缺综合素质水平较高的足球教练员。根据相关数据调查得知，很多足球教师都是来自各个体育院校，他们在大学期间很好地接受了足球运动的一些训练理念与基础知识，自身的技战术水平也在一个比较高的水平上，他们自身的一些能力是不容置疑的。但是，对于一些足球的教学经验却有一定的缺失，这也是导致足球运动训练水平不高的重要原因。

从这个角度出发，我们不难发现，要想实现足球运动水平的真正提高，我们应该有效地将训练指导与球员自身发展之间进行有机结合，这在一定程度上对于足球训练理念的完善也有非常重要的促进作用。

（四）结合足球运动的发展趋势进行训练

足球运动的发展是要遵循一定规律的，要遵循这种训练的规律才能够真正保持足球训练水平的提高。只有顺应这种发展趋势，才能够保证足球运动在技战术方面的全面提高。

随着社会的不断发展与进步，人们对于足球运动的欣赏水平与欣赏角度也发生了很大的改变，足球运动的发展规律不仅要符合现代人的审美，而且还要体现出强大的体育精神。现代足球运动的发展趋势对运动员的运动水平与教练员的教学水平要求越来越高，运动员不仅要有高水平的足球技战术能力，而且还要具备全面的运动能力。在足球运动训练中，教练员应该重点培养球员牢固的基础以及与众不同的思维能力，全面鼓励运动员按照制定的标准进行训练，同时还需要根据技战术的不断发展提出全新的要求，以此来丰富足球运动训练的内容。

足球运动作为一项集体运动，在进行比赛的过程中可能会受到多种因素的影响，所以，在进行足球运动教学训练的过程中需要全面考虑，并制定出一个周详的计划，只有在比赛的过程中真正掌握了运动的技能与技巧，才能够保证运动员在赛场上获得比较理想的成绩；同时也能够实现运动员自身的全面发展，在教练员对运动员进行训练的过程中需要做到以下几个方面。

1. 应该注重运动员的全面运动能力的提高

现代足球运动比赛对于队友之间的配合默契度也会有较高的要求，运动员拥有了较高的足球运动技战术技巧之后，才能够在比赛场上应对各种突发情况，更加协调地完成运动员之间的相互配合。

2. 应该重视足球运动员体能素质的训练

随着足球运动的不断发展与技战术的不断革新，运动员在比赛场上的竞争也变得越来越激烈，球员在赛场上的活动量也会随之增加，这对足球运动员的体能要求也会越来越高。足球比赛对球员的体能素质要求是个很大的考验，基于这一点考虑，我们应该在训练的过程中适当增加运动员体能素质的训练。

3. 应该加强运动员的心理素质训练

在足球运动训练中，心理素质的训练同样是十分重要的，在双方球员实力均衡的条件下，往往心理素质较好的队伍能够取得比赛的生理；拥有良好的心理素质之后，才能够把握比赛场上的主动权，最终取得比赛的胜利。

第四章　足球运动与保健

本章主要从足球运动的损伤与防治、足球运动员的运动型疲劳与消除以及足球运动员的营养三个方面进行阐述，希望能够对高校足球运动的发展提供一定的理论基础。

第一节　足球运动的损伤与防治

足球运动在世界范围内都受到了人们的追捧，同时足球运动也是世界体育运动中影响力最大的运动项目，被称为“世界第一大球”，该项目主要的形式就是双方队员以脚踢球进行比赛，以攻入对方球门来计分，最终得分多的球队获胜，这是一项运动强度大、比赛情况激烈同时又具有魅力的球类运动项目。受到了世界各国人民的喜爱。

随着足球影响力的逐渐扩大，越来越多的人参与到这项运动中来，然而，这项激烈运动避免不了一些身体的接触与碰撞，进而给球员造成不同程度的损伤，本章就足球运动员的损伤与防治内容进行阐述，旨在指导运动员在比赛过程中如何减少运动损伤以及发生运动损伤之后的处理方式。

一、损伤概况

在足球运动过程中，发生在运动员身体的各种伤害称为运动损伤。从小的方面来看，运动损伤使运动员不能参加正常的训练和比赛；大的方面，运动损伤缩短运动员的运动寿命，更严重的还可能会使运动员致残甚至死亡。

近年来，随着足球运动的迅速发展，比赛过程中的对抗也明显增强，据统计，足球运动员的运动损伤情况有明显的上升趋势。所以，防治运动损伤是一个非常重要的研究课题。

（一）损伤的特点

足球运动的损伤不同于其他的运动损伤。它有其自身的特点和规律，且足球运动的损伤特点大致表现为三点（图 4–1–1）。

足球运动的损伤特点

- 足球运动是一项全天候运动，比赛场地大，时间长，争夺激烈，猛烈的身体接触和凶狠冲撞不可避免，因而足球运动员的损伤发生率较高，且受外力作用导致损伤较为常见。
- 足球运动技术复杂，大多数技术动作主要用脚来完成，本体感受相对较差，不易准确完成技术动作，且经常改变体位，在非正常状态下进行工作，因而足球运动员的下肢最容易爱到损伤。
- 运动员学习和掌握技术动作和战术配合，必须经过长时间、大强度的系统训练，身体负荷较大，容易产生机能性疲劳损伤。

图 4–1–1　足球运动的损伤特点

（二）常见损伤及原因

1. 损伤的种类和部位

作为损伤发生率极高的运动项目之一，足球运动损伤大部分都是外伤，其中有拉伤、擦伤、骨折、关节脱位等。而这些损伤大部分是由跌倒、急停急转、冲撞等原因造成的。外伤中，约 86% 的损伤发生在四肢。其中，踝关节扭伤最常见；其次是大腿前后肌肉拉伤和挫伤；第三是膝关节损伤。

2. 损伤的原因

足球损伤一般有以下几个原因（4–1–2）。

- 足球运动损伤的原因
  - 激烈比赛致伤。比赛时紧张的争夺、疾跑与铲球，易发生大腿和小腿的肌肉拉伤与断裂。突然改变体位小腿突然扭转、内收或外展，可以引起膝、髋关节的韧带及骨的损伤。
  - 因球的间接作用致伤。这种损伤多见于下肢，例如用脚外侧踢球，容易损伤距腓前韧带，这是最常见的踝关节损伤，膝关节在屈曲位，小腿突然因球的作用而外旋外展，很容易损伤膝关节的外侧副韧带、半月板和前十字韧带。
  - 球击伤。例如面部的擦伤、挫伤；腹部的挫伤(肝脾破裂、胃肠道挫伤)；阴囊及睾丸挫伤等，最典型常见的损伤是守门员的手指损伤与关节脱位。
  - 踢伤。比赛时腿部以及身体常常被对方踢、顶，引起肌肉挫伤、皮下血肿、肌肉撕裂(常见的有股四头肌损伤)，以及骨的损伤，如胫骨骨折，或胫骨创伤性骨膜炎等。

图 4-1-2　足球运动损伤的原因

足球外伤发生的原因有各方面因素，除训练方面的原因外，运动员的职业保护意识、场地设施、保护器具都有一定的影响。在对抗训练中并不积极做好护具准备以及必要的准备活动，一有磕磕碰碰就埋怨对方，养成了不良习惯，一到比赛又往往承受不了激烈对抗造成的重伤。此外，在我国青少年足球运动员的早期训练中由于条件有限，加上训练方法不当，易造成潜伏的慢性损伤。

（三）损伤的预防

我国许多运动员在训练中的防伤、防病和自我保护意识较差，造成一些不必要的伤害。如图 4-1-3 所示，是足球运动过程中损伤的预防方法。

损伤的预防方法

- 对运动员、教练员加强职业道德教育，树立正确的比赛动机，减少和杜绝有意犯规和故意伤人的行为。
- 加强技术练习，正确掌握各种技术并能熟练运用，同时注意合理安排运动负荷，避免过度疲劳的产生和局部负荷过重。
- 比赛及训练中严格执行保护运动员身体健康的有关规定，特别注意穿好球袜及戴好护腿板等。
- 加强裁判工作，严格执行比赛规则，对故意犯规及有意伤人者要从严处理；同时注意场地及器材要符合比赛和训练的要求。

图 4-1-3　损伤的预防方法

二、常见损伤的处理

运动员在运动过程中，损伤是在所难免的。如果遇到损伤，初步急救则显得非常重要，急救处理得当不仅可以加快损伤的好转和愈合，还能大大减少并发症。急救处理不当，轻者会加重伤情，延长治愈时间；重者则可能造成残废。所以，教练员、运动员一定要掌握一些常见损伤的处理方法（图 4-1-4）。

常见损伤的处理方法

- 挫伤。肌体某部位受钝性外力作用，引起该处及其深部组织的闭合性损伤，称为挫伤。挫伤后，以疼痛、肿胀、皮下出血和功能障碍的症状为主。受伤后应立即进行局部冷敷、外敷新伤药等，适当加压包扎，并抬高患肢，以减少出血和肿胀。股四头肌和小腿后群肌肉的严重挫伤多伴有部分肌纤维的损伤或断裂，组织内出血形成血肿，应将肢体包扎固定后，立即送医院诊治。头部、躯干部的严重挫伤可能会伴有休克症状，应仔细观察呼吸、脉搏等情况，休克时应首先进行抗休克处理，使伤员平卧休息、保温、止痛、止血。疼痛甚者，可口服可卡因或肌肉注射杜冷丁，并立即送医院诊治。

- 擦伤。肌体表面与粗糙的物体相互摩擦而引起的皮肤表层的损害，称为擦伤。主要征象为表皮剥脱，有小出血点和组织液渗出。一般较轻、较小的擦伤，可以用生理盐水或其他药水冲洗伤部，涂抹红药水或紫药水，不需包扎，一周左右就可痊愈。一般较大的擦伤伤口易受污染，需用碘酒或酒精在伤口周围消毒，如果创面中嵌入沙粒、炭渣、碎石等，应用生理盐水棉球轻轻刷洗，消除异物，消毒后适当包扎。

- 拉伤。肌肉受到强烈牵拉所造成的肌肉微细损伤、部分撕裂或完全断裂，称为拉伤。足球运动中，大腿后群肌肉和小腿后群肌肉的拉伤最为常见。拉伤后局部疼痛、压痛、肿胀、肌肉发硬、痉挛、功能障碍。如果肌肉断裂，伤员受伤时多有撕裂感，随之失去控制相应关节的能力，并可在断裂处摸到凹陷，在凹陷附近可摸到异常隆起的肌肉断端。拉伤时应立即采用氯乙烷镇痛喷雾剂等进行局部冷敷，加压包扎，并把患肢放在使受伤肌肉松弛的位置，以减轻疼痛。肌纤维轻度拉伤及肌肉痉挛者，用针刺疗法会取得显著疗效。肌肉、肌腱部分或完全断裂者应在局部加压包扎，固定患肢后，立即送医院诊治，必要时还要接受手术治疗。

- 撕裂伤。撕裂伤是指受物体打击而引起的皮肤和皮上组织均出现规则或不规则的裂口，有不同程度的出血和污染。处理时，轻者可先用碘酒或酒精消毒，止血后再用消毒纱布覆盖，并适当加压包扎。如不能制止出血，应尽可能在靠近伤口处按规定缚以止血带，立即送医院治疗。伤口较大、较深、污染较严重时，应及时送医院进行清创缝合手术，并口服或注射抗菌季药物预防感染，并按常规注射破伤风抗霉素。

图 4–1–4　常见损伤的处理方法

三、运动中腹痛

运动中腹痛是指运动员在训练或比赛中，由于生理或病理等原因所引发的腹部疼痛症状。其中最常见的有膈肌痉挛、肝脾淤血和胃肠痉挛等导致的腹痛。

（一）原因和发病原理

1. 原因

运动中腹痛的发生，大都由以下原因造成：其一，缺乏训练；其二，准备活动不充分；其三，过度紧张；其四，饭后过早地参加运动；其五，运动前吃得过饱、过多，或吃了较难消化的食物使胃肠充盈、饱满；其六，空腹运动时，由于胃酸或冷空气对胃的刺激；其七，运动中呼吸与动作之间的节奏配合不良。此外，运动的速度或强度的突然加快和加大，也是引起腹痛的常见原因。

2. 发病原理

不同情况的腹痛，有着不同的发病原理。运动中腹痛的发病原理大致可分为以下三种（图 4–1–5）。

运动中腹痛的发病原理

- 呼吸肌痉挛或活动紊乱。主要是运动中呼吸肌收缩不协调、紧张与劳累，以及呼吸肌缺氧而引起。
- 肝、脾淤血肿胀。准备活动不充分，训练中强度和速度突然过大、过快，会使心脏搏动不充分和无力，影响心脏内血液的排空和静脉血的回流，肝、脾静脉血回流受阻。另外，剧烈运动时如果呼吸肌或膈肌活动紊乱，造成胸内压力上升，也会引起肝、脾淤血，使器官的神经受到牵扯，产生肝脾区疼痛。
- 胃肠道痉挛或功能紊乱。运动训练中胃肠道缺血、缺氧或血流不畅，或受各种刺激而引起胃肠道痉挛或功能紊乱。

图 4–1–5 运动中腹痛的发病原理

（二）征象

不同的发病原理所引发的腹痛症状也不同，具体情况如表 4–1–1 所示。

表 4–1–1　不同发病原理的症状表

发病原理	症状
呼吸肌痉挛或活动紊乱	以肋部和下胸部为多的锐痛
肝脾淤血肿胀	左腹部的钝痛、胀痛或牵扯性痛
胃肠道痉挛或功能紊乱	肚脐周围的钝痛、胀痛或绞痛

（三）处理

如果足球运动员在足球训练或比赛过程中，出现腹痛的情况，必须要及时处理，不同的腹痛有不同的处理方法（图 4–1–6）。

运动中腹痛的处理方法

- 对运动时出现腹痛的运动员要慎重对待，首先要了解腹痛的性质、部位。根据腹痛的部位与运动强度的关系，来判断是由疾病引起的，还是与运动有关的生理原因引起的，做到有的放矢。
- 出现腹痛时应立即降低运动强度，适当减慢速度，调整呼吸与动作的节奏，用手按压疼痛部位，如果无效或疼痛反而加重，应立即停止运动，请医生诊治。
- 对疾病引起的腹痛应根据原发疾病进行相应的治疗。

图 4–1–6　运动中腹痛的处理方法

四、肌肉痉挛

肌肉痉挛也就是我们所说的称抽筋，它是指肌肉发生不自主的收缩反应。而且，在足球运动过程中，经常会出现小腿腓肠肌和大腿后群肌肉的痉挛现象。

（一）原因和发病原理

肌肉痉挛的发病原因和原理大体分为三类，如图 4–1–7 所示。

肌肉痉挛的发病原因和原理

- 肌肉疲劳。长时间和大强度的运动训练，会引起肌肉结构的损伤，肌肉的血液循环和能量物质的代谢发生改变，肌肉中大量的乳酸和代谢废物堆积，肌肉收缩与放松不能协调地交替进行，从而引起肌肉痉挛。
- 电解质和水丢失过多。运动中大量排汗，特别是在高温条件下长时间剧烈运动，使电解质从汗液中大量丢失，肌肉的兴奋性增高，发生肌肉痉挛。
- 其他因素的刺激。如寒冷刺激，肌肉受到低温的影响，兴奋性会增高，易使肌肉发生强直性收缩。肌肉突然受到外力的猛烈打击等，也会产生强烈收缩而引起痉挛。

图 4-1-7　肌肉痉挛的发病原因和原理

（二）征象

痉挛的肌肉僵硬、肿胀、剧烈疼痛，肌肉的运动能力和柔韧性降低，除此之外，部分关节的功能也会由于肌肉痉挛受到一定的阻碍。

（三）处理

一般情况下，向相反的方向牵引痉挛的肌肉就可以缓解或消除肌肉痉挛的现象。但要注意的是牵引时用力宜缓慢。倘若用暴力牵引，很有可能会拉伤肌肉。如果是大腿后群肌肉、小腿腓肠肌发生了痉挛现象，就可以用以下方法来处理：伸直膝关节，用力将踝关节背伸，尽量拉长痉挛的肌肉。使用这种方法，痉挛会得到缓解后，要想达到更好的效果，还可以使用局部按压、揉捏等方法。

五、运动性中暑

（一）运动性中暑的发病原理和征象

由于运动员在运动运动过程中，产生的热量过多，以至于超过了身体的散热能力，进而出现了高热的状态，这种高热状态称为运动性中暑。尤其是在夏季，足球运动员在训练和比赛中，稍不控制运动量，很容易就会出现运动性中暑。运动性中暑可分为热射病、日射症和循环衰竭三种类型，每种类型都对应着不同的发病原理和征象（表 4–1–2）。

表 4–1–2　运动性中暑的发病原理和征象表

中暑类型	发病原理	征象
热射病	天气温度和湿度较高且不流动 体内产热较多 热量在体内大量积累 水、盐代谢出现紊乱	轻者体温微微升高，头昏、头痛、全身无力等；重者有高热和虚脱症状、皮肤灼热、呼吸短促、呕吐甚至昏迷等
循环衰竭	运动失水过多 血容量减少 心脏功能和血管舒张调节不适	皮肤冷温、脉搏细弱、面色苍白、神志恍惚等
日射症	阳光直接照射头部引起的机体强烈的反应	头昏、眼花、剧烈头痛、烦躁不安、血压降低等

（二）处理

足球运动员在训练或比赛过程中，一旦出现中暑，首先要降温，然后迅速将患者移到凉爽、通风的地方去，平卧休息，头部稍垫高，头部冷敷，用温水或酒精擦身。如果运动员中暑严重，需及时服用解热药物。一旦运动员出现昏迷状态，需采取急救措施，如：刺激人中穴，对四肢进行重推、摩和揉捏。必要时，需尽快将运动员送往医院进行治疗。

第二节　运动性疲劳与消除疲劳

一、疲劳与过度的影响

这里主要阐述了疲劳的定义、疲劳的分类方法以及疲劳产生的机制三个内容。可以使我们对疲劳有充分的了解。

（一）疲劳的定义

运动性疲劳的定义在以往是很不统一的，而概念上的不统也会导致实际工作中的很多不便。

在第 5 届国际运动生化会议上，才正式将“运动性疲劳”定义为：机体不能将它的机能保持在某一特定水平，或者不能维持某一预定的运动强度。将其总结为以下两个特点（图 4–2–1）。

运动性疲劳的特点

- 疲劳时体内组织和器官的机能水平和运动能力结合起来评定疲劳的发生和疲劳程度。
- 有助于选择客观指标评定疲劳，疲劳的生理学定义是运动员无法维持功能输出而降低运动能力。有经验的运动员应该能够借助他们对疲劳的感受性在允许的范围内进行自我调整，但并不能摆脱这一限制。疲劳本身也是一种保护性措施，它可以防止代谢的戏剧性变化，从而阻止对肌肉及有关组织的损伤，尤其是对脑组织的保护。运动员能否连续完成一个周期的大负荷训练，其关键在于每一节课所产生的疲劳在下一节训练课前及时消除，如果前一课的疲劳没有消除又继续大强度训练，就会出现疲劳的积累而发展成过度训练。

图 4-2-1　运动性疲劳的特点

（二）疲劳的分类方法

虽然按照不同的分类方式，疲劳有不同的分发。但是，工作和生活中，疲劳大体上有以下三种分类方法（图 4-2-2）。

疲劳的分类方法

- 按照身体整体和局部划分。可分为整体（全身）疲劳和局部（器官）疲劳。整体疲劳是指由于全身运动使全身各器官机能下降而导致的疲劳。激烈的足球比赛可造成全身身体机能下降；局部疲劳是指以身体某一局部进行运动使该局部器官机能下降而导致的疲劳，如局部力量练习而导致局部肌肉疲劳。
- 按照疲劳发生的部位划分。可分为脑力疲劳和体力疲劳。脑力疲劳是指由于运动刺激使大脑皮层细胞工作能力下降，大脑皮层出现广泛性抑制而产生的疲劳；体力疲劳是指由于从事身体训练使身体作能力下降而产生的疲劳。
- 按照运动方式划分。可分为快速疲劳和耐力疲劳。快速疲劳是指由于短时间、剧烈运动引起的身体机能下降；耐力疲劳是指由于小强度、长时间运动引起的身体机能下降。

图 4-2-2　疲劳的分类方法

（三）疲劳产生机制

虽然对疲劳的研究已经有 100 多年的历史。但是，到目前为止，还没有得出引起疲劳的根本原因。所以，对其原因的认识只处于初级阶段。目前，疲劳有以下几种产生机制（图 4-2-3）。

疲劳产生机制

- 能量耗竭学说。“能量耗竭学说”理论认为疲劳的原因是运动过程中体内能源物质大量消耗而得不到及时补充而造成的。其证据是：长时间运动导致血糖浓度下降，补充糖后工作能力又有提高。
- 离子代谢紊乱学说。“离子代谢紊乱学说”理论认为，疲劳是因为运动时离子代谢紊乱导致的。理论依据是：运动过程钙、钾、镁等离子代谢出现了紊乱，而这些离子代谢对运动能力都有很重要的影响。
- 代谢产物堆积学说。“代谢产物堆积学说”理论认为，疲劳的原因是由于某些代谢产物在肌肉内堆积而又不能及时消除所造成的。其论据是乳酸、氨等代谢产物增多。

图 4-2-3　疲劳产生机制

二、过度训练及对机体的影响

过度训练是指运动中的训练与恢复、运动与运动能力、应激与应激耐受性之间的不平衡，目前，过度训练大致分为两种型（图 4-2-4）。

过度训练的分类

- 周边型过度训练。时间由几天到两周，其表现为疲劳、无氧阈工作能力下降、最大工作能力下降和短期的竞技能力失调等。这一类过度训练如果处理得当，几天即可恢复。
- 中枢型过度训练。时间可延续几周或数月，出现过度训练综合症和疲惫不堪，主要表现是除了周边型的症状外，精神状态紊乱、肌肉酸痛僵硬、非运动性疲劳积累、长期的运动能力下降等。

图 4-2-4　过度训练的分类

我国运动医学界根据疲劳的不同症状，并且经过了多年的实践总结，将疲劳和过度训练产生的机体代谢和生化变化归结为以下四类（图 4-2-5）。

过度训练产生的机体代谢和生化变化

- 血液系统的失衡。运动员在系统训练或比赛中，当身体处于疲劳或过度训练早期时，在血液系统中贫血最为常见，随着过度疲劳的发展，可降至运动员或正常人的贫血标准。而且可以从导致运动能力下降的运动性贫血发展至病理性贫血。
- 神经内分泌系统的失衡。生理学认为，适宜的运动量或一次性短时间运动不抑制下丘脑——垂体——性腺轴功能，而一次大运动量训练课和长期大运动量训练可造成下丘脑——垂体——性腺轴功能抑制，往往出现血睾酮下降，伴有竞争意识下降、兴奋性差、后体力恢复慢等表现。
- 营养素代谢的失衡。身体存储蛋白质和碳水化合物的能力是有限的。一方面，摄取的总热量过多，多余部分转变为脂肪对比赛不利；另一方面，过度训练会造成营养素代谢失调。
- 免疫系统技能的抑制。运动员尤其是优秀运动员在大强度训练或比赛期间，一旦发生运动性疲劳和过度训练，其结果之一便是机体的免疫机能下降。许多文献表明，过度训练或精神紧张等因素有可能引起机体免疫功能抑制而使机体对病原微或所患感冒症状加重。

图 4-2-5　过度训练产生的机体代谢和生化变化

三、疲劳的运动医学诊断及处理方法

过度训练是训练后疲劳连续积累所引起的一种病理状态，又称过度疲劳。当大运动量训练安排不当，训练后疲劳得不到恢复又进行大负荷训练时，队员机体的承受能力超限，而教练员又没有及时发觉并调整负荷，仍一味从事训练等，都可导致队员因连续疲劳积压而出现过度疲劳。

如果发生过度疲劳，运动员的身心健康将会受到极大影响。所以，教练员既要注意运动负荷的掌握与安排，又要对过度疲劳有所了解。这样可以做到防微杜渐，也可以让运动员尽快摆脱过度疲劳。

（一）检查疲劳和过度训练的简单方法

过度训练的方法很多，除了通过对肌肉力量、硬度以及心率的测定来检查外，还有以下几种常用的方法（图 4–2–6）。

检测疲劳和过度训练的简单方法

- 闪光频率融合。该仪器可以自制。原理是根据闪光频率融合的阈值增大情况来判断疲劳程度：如轻度疲劳约为 1.0~3.9 周波数 / 秒；中度疲劳为 4.0~7.9 周波数 / 秒；重度疲劳为 8.0 周波数 / 秒以上。
- 时间再生法。其原理是：随着疲劳的发生，时间再生能力将随之下降。测试方法：让受试者看钟表的秒针走动一分钟，受试者再由闭眼开始，每隔 20 秒举手发生信号，做 15~20 次。测试人员记录受试者每次发出信号之间的时间间隔。由此计算出平均值及标准差，按上述两个值算出动摇度（标准差 / 平均值），动摇度在 0.03~0.07 为轻度疲劳，在 0.08 以上为疲劳。
- 唾液 pH 的变化。其原理是：由于长时间的剧烈运动，血液中乳酸浓度增加，使唾液的 pH 值降低，因此，可以用测定唾液 pH 值的变化来判断运动时所产生的疲劳程度。测试方法：让受试者尽量把口腔唾液全部吞下去，然后使新产生的唾液沿口唇流出。用镊子将测定唾液 pH 值的试纸贴在舌尖上，待其充分吸湿后取出，马上与比色表对照，记下相应的 pH 值。
- 呼吸肌耐力测定。连续测 5 次肺活量，每次间隔 30 秒。疲劳时，肺活量一次比一次减少。

图 4–2–6　检测疲劳和过度训练的简单方法

（二）疲劳的处理方法

依据疲劳的不同表现形式，采取不同的处理方法。

1. 早期征象及其处理

早期过度疲劳表现为：教练员在安排足球运动训练的时候，有些运动员可能会不愿参加运动，同时还可能伴有睡眠质量下降、食欲减退以及运动能力下降，四肢无力等情况，从心里角度来讲，也有可能会出现心情莫名烦躁，易怒、孤僻等不良的心理状态。

对于这一现象的产生，教练员应该足够重视起来。在这一时间段内，教练员应该适当调节足球运动训练的计划，改变训练的内容，适当安排一些身体消耗较小的运动进行训练。从原则上讲，这种早期的运动疲劳表现在发展初期是能够通过一定的方法改进的，在调整好运动训练计划之后，运动员经过一段时间的适应之后就可以改变现状。

2. 后期征象及处理

如果运动员出现了以上几点不适之后，教练员不能及时对训练计划进行改进，则会出现比较严重的后果，比如运动员会出现头昏、失眠、出虚汗、运动能力严重下降等现象，同时在身体机能上也会出现一些问题，比如机体的协调能力下降，器官系统之间的配合严重失调等。在心血管病变中，运动员可能会缠身心律不齐、心跳过快、肺活量下降以及最大通气量下降等，还有可能会表现出胃痛、胃酸、腹泻，更有甚者会出现尿血的症状。

一旦队员出现了以上几点不适，教练员应该根据运动员出现症状的轻重程度适当对运动计划进行调整，情节严重者还可以停止训练计划，与此同时，适当告诫运动员调整生活的节奏，积极采取各种恢复的手段与措施，比如可让运动员进行游泳、按摩、桑拿等放松手段，在必要的情况下还要送医院治疗。对于这种比较严重的情绪或者是生理反应，运动员一般需要两周到三周的时间才能够完全恢复，情节比较严重者还有可能需要半年到一年的时间来恢复，当运动员逐步恢复体能和最佳心理状态之后，教练员应该逐步增加训练量，使运动员们能够以最快的速度投入到训练中来。

四、抗疲劳促恢复的药物补充

现代足球比赛训练中，任何一个教练都会遇到大运动量训练和过度训练之间的矛盾。谁都知道没有大运动量训练就不会有好的成绩，而一旦急于求成就会造成队员的过度训练综合症。事实上，运动员都有许多自我调节能力和可塑性，并不是增加运动量就会出现过度疲劳。坚决贯彻“三从一大”原则，克服日常训练中不严格、不刻苦、不认真、不虚心的现象则是我们要解决的主要问题。

还要研究如何在大强度训练中按科学规律办事，解决好恢复这一矛盾。在长期的足球训练比赛中，科研人员、队医和教练员都积累了一定的恢复措施和办法，除了进行科学的饮食、采用合理的恢复手段外，正确选择抗疲劳、促恢复的药物补充也是一个重要方面。在强调训练作风，坚持大运动量训练的同时，如何检查和评定身体承受大强度训练的能力，促进队员身体机能的尽快恢复，控制疲劳变得十分重要。

（一）中草药在训练恢复中的作用

长时间的训练会消耗大量的蛋白质、维生素和其他微量元素。在这种情况下，仅仅依靠自身饮食获取的能量很难保持身体训练水平，所以，必须采取其他措施来获取更多的能量。目前，我国的职业队大多都喝甲鱼汤，甲鱼中含有丰富的蛋白质可以到达滋补身体的作用。但是，甲鱼汤并不是灵丹妙药。而为了更要的达到强体健身的目的。一些队伍则自行配备了中草药，这些中草药主要包括：红参、麦冬、五味子、当归、淫羊藿、桂元、鹿茸等。

（二）阿胶、贫血 1 号对血色素（血红蛋白）的补充

亚理想值是指血红蛋白低于有氧运动所需的理想数值。运动医学界普遍认为，如果运动员血红蛋白过低就会影响运动成绩。男运动员不得低于 14 克 /100 毫升；女运动员不得低于 12 克 /100 毫升。而为了提高身体内血红蛋白的含量，通产服用的是阿胶，其价格便宜还具有良好的补血作用。除此之外，贫血 1 号有提高造血机能等作用，它主要是从人参中提炼制成的，是治疗贫血病人的一种特效药。

（三）微量元素

微量元素在人体中的含量很低，占全身体重的 1/10000 以下。目前确认的人体必需微量元素有 14 种。而且这些微量元素有两个重要特征。

1. 微量元素的摄入

微量元素必须从体外摄取，并排出体外，不会消失于代谢本身，过多摄入时会中毒，摄人不足时又会造成缺乏。

2. 相互作用

矿物质对于运动员的重要性在于运动过程中这些矿物质参与的各种代谢过程大大地增加了，因而运动员矿物质的营养状况对其健康和运动能力有重要影响。

五、足球训练比赛中的恢复手段和措施

国外职业俱乐部训练管理大纲中写道：训练比赛成效的 50% 取决于恢复。这话听起来像是一句口号，但事实上却包含着许多哲理。在训练负荷

的安排上，为什么每两次负荷训练之间，要穿插一些中小负荷训练课？为什么有的队在周赛制中以养迎赛，而不能以练迎赛呢？关键原因在于运动员承受大负荷或比赛后的机体恢复速度所限。可见，恢复速度直接影响训练比赛的成效！

恢复速度虽然依个人情况有所不同，但一般正常人和运动员机体的各种能量物质的自然恢复时间是非常有限的。能源物质中的磷酸肌酸（ATP—CP）、肌糖元、蛋白质、脂肪恢复时间见表 4–2–1。

表 4–2–1 能源物质完全恢复时间表

能源物质	完全恢复时间		资料来源
	最长	最短	
ATP—CP	3 分钟	2 分钟	福克斯
肌糖元	1 小时	46 分钟	亚洛比
蛋白质	48 小时	6 小时	亚洛比
脂肪	48 小时以上		

自然恢复时间并不是不可改变的，它与运动员的身体训练水平关系极大，在承受同一训练负荷中，不同身体训练水平的运动员，能源物质的恢复时间不同，这就要求我们必须提高运动员的身体机能水平，同时，还要特别注意做好训练、比赛后人为的营养补充和恢复疗法。这方面过去我们有许多失败的教训。在现代国际体坛强调科学化训练进程中，需要我们重视营养和恢复，并把它看作是提高成绩的重要组成部分。因此，在职业化足球改革过程中，需要向训练和比赛要效益的时候，每一名教练员都必须对此高度重视。

（一）赛前日常饮食

精神高度紧张，消化机能减弱，负荷减少，热能摄入应相对减少。多吃碳水化合物较丰富的食物，如馒头、面包、发面饼、蜂蜜、果酱、蛋糕、米饭等。增加体内碱储备食物如水果、蔬菜。避免或少吃辛辣、盐渍、含纤维素多的粗杂粮及易产气的干豆或韭菜等食物。避免含酒精饮料，酒精产生乳酸盐，使疲劳提前发生。

（二）赛后恢复

由于现代足球训练与比赛的负荷越来越大，为了使运动员始终有良好的身心状态，对机体恢复疲劳速度的要求也越来越高。

1. 积极性恢复的物理方法

（1）按摩

①保持身体活力和促进疲劳恢复，按摩也通过揉推肌肉体积，促进放松状态，而消除代谢产物。

②放松水浴后 10~15 分钟做一个有效完整的按摩，按摩应集中于排除肌肉中的代谢产物；改善循环和血管的扩张；用力适当。

③通过按摩恢复工作能力主要包括两个部分。

第一，促使完成重要工作肌肉群中的乳酸消除。

第二，消除其他肌肉群中乳酸。80%的按摩时间应用于频繁使用的肌肉群。

④按摩时机与时间

第一次按摩在比赛或训练之后 20 分钟，如果配合桑拿和水浴，效果更好。

第二次按摩在比赛后 2 小时。

桑拿浴的“热”，刺激血液渗透进入皮肤和肌肉；而水浴的“冷”，迫使血液进入皮肤深层，这将帮助消除身体代谢产物。

（2）桑拿

①消除代谢产物。

②在剧烈的训练后决不要做，因它进一步增加脱水，电解质流失和心率加快，由此增加身体的应激。

③ 9~12 分钟桑拿 (热环境) 伴有冷水、冷空气中短时间的交替，重复 3 次。冷热水交替法的使用可降低运动中产生的代谢产物，排除乳酸，减少疼痛、痉挛和增加吸氧量，促使所练部位的血液循环，还可用来刺激肌肉放松，促进血管舒张，减弱紧张和增加血液循环；冷亦可用以减弱疼痛、肿胀。

（3）水疗法

①热水淋浴。

②热盆浴 15~20 分钟，四肢做温和缓慢的运动。

③水旋涡、水喷射水下按摩。

④用高压力的水蒸气水下按摩。

⑤冷、热水流交替淋浴，具有振奋的作用。

2. 积极性恢复的营养及饮食

（1）饮食时间

在激烈的比赛或大负荷训练后，身体形成一个乳酸积累，肌肉和肝糖元储备已消耗殆尽且有明显的失水状况。必须避免比赛后服用酒精，因为它会延缓恢复过程。大约在比赛一小时以后吃饭比较合适，理由如下。

①赛后1小时吃饭的吸收率，比赛后3或4小时吃饭的吸收率快3倍。

②糖元补充更快。

运动员应当利用前两小时更快的恢复率，否则，恢复速度将影响次日的训练课。

（2）碳水化合物。

①在训练或比赛后，应以每公斤体重1克碳水化合物的比重即刻补充，例如身体重量75公斤相对补充75克碳水化合物。

②在第1和第2小时，重复这一过程。

（3）饮料

饮料比食物甚至更重要。如果忽视饮料，将会极大地影响碳水化合物的补充。

应当在训练和比赛期间补充饮料，如果可能，最好以每20~30分钟的频率补充，补充饮料不能以感到口渴为准，而应有一定的时间规律，机体从胃吸收水分需要20分钟时间，这些饮料可补充碳水化合物、热卡和矿物质。

3. 心理恢复

（1）运动员的心理劝告。

（2）和运动员个人谈话或小组 / 全队谈话，了解问题，消除恐惧等。

4. 恢复与年龄

有规律的运动将不论年龄，产生积极性的生理改善。然而，年龄大的人在剧烈运动后或许需要更多的休息。年龄在25岁左右的人，机体会表明疲劳的迹象且由于年龄原因恢复过程延长，然而若有良好身体素质水平，从代谢观点讲，恢复速度会提高。

刚开始参加剧烈运动的队员或许需要更多的恢复时间，这取决于他们练习的负荷，这也是为什么在训练的第一周一般负荷量和强度都较低，随着队员对训练的适应，而逐步增大负荷的原因。一般来讲，年龄在15~22岁之间的队员，恢复能力最强，因为他们具有较好的机体恢复功能。

第三节　足球运动员营养

一、合理营养的基本要求

（一）热量平衡

人体与外环境不断进行物质交换和能量交换需要消耗大量的热能，这些热能靠食物中的碳水化合物、脂肪和蛋白质提供。一般的情况下，运动员由于长时间运动所消耗的热能要与摄入的热能保持平衡。

1. 运动员的能量消耗

运动员的能量消耗主要用于维持基础代谢、满足食物特殊动力作用、训练和比赛及其他活动四个方面（图 4-3-1）。

运动员能量消耗的作用

- 基础代谢的热能消耗。基础代谢是指维持人体基本生命活动的热量，即在无任何体力活动及紧张思维活动、全身肌肉松弛和消化系统处于静止状态情况下，用以维持体温、心跳、呼吸、细胞内外液中电解质浓度差及蛋白质等大分子合成的热量消耗。运动员的基础代谢与一般人相同，即与体表面积、体型、年龄、性别、内分泌等有直接关系。健康成人的基础代谢率为每小时每平方米体表面积消耗约 160 千焦耳。
- 食物特殊动力作用消耗。食物特殊动力作用是指摄食后额外增加的热量消耗。成人摄入一般的混合膳食时，由食物的特殊动力作用而额外增加热能消耗每日约 600 千焦耳，相当于基础代谢 10%。
- 训练和比赛的能量消耗。运动时热能消耗取决于运动强度、密度和训练课的总时间。足球运动由于对抗激烈、运动量大、比赛时间长、训练课的时间则更长，因此总的热能消耗多 (24.98 千焦耳 / 平方米 / 分)，占一日总消耗量的 40%左右。
- 训练与比赛以外活动的能量消耗。训练与比赛以外活动的能量消耗决定于活动的性质和时间。足球运动员在训练或比赛后的活动，如学习、开会、文娱活动、日常生活等。

图 4-3-1　运动员能量消耗的作用

2. 热量供给不足或过多时对运动员的影响

健康成年人所消耗的热能要与摄入的热能经常保持平衡状态才行。出现不平衡现象时，热能过多，体重就会增加，影响技术动作的发挥；摄入过少，体重就会减轻，导致营养不良，出现贫血等症状。所以说，为了保证人体健康，摄入的能量一定要适量。

（二）摄入的热能比例适当

足球运动员的膳食要有一定的标准的比例，最好是按重量计以 1 ∶ 0.8 ∶ 4 的比例为最佳。

提供主要供能作用的并不是蛋白质。蛋白质是调节各种生理活动及构成身体成分。由于蛋白质代谢时耗氧多，在代谢和排泄中增加肝脏和肾脏的负担，所以，摄入过多的蛋白质对人体是不利的。

脂肪的发热量高，是膳食中浓缩的能源，它是食物中供能量最多的营养素。食用油脂是脂溶性维生素的重要来源之一，同时能促进脂溶性维生素的吸收，延迟胃的排空，增加饱腹感。但有一点需要注意的是，脂肪释放的热能虽然很多，但是，它的耗氧量更大。

足球运动员的运动强度大，如果短时间运动，供氧不足，就不能有效地分解脂肪，所以，足球运动员的主要能源并不是脂肪。

糖类食物容易消化、吸收。而且容易分解，产生的热量快，氧化过程中耗氧少，既可以在有氧的情况下分解，也能在无氧的情况下分解。除此之外，糖的最终产物为二氧化碳和水，极容易排泄，可以满足机体的需要。由此可见，足球运动的供能以糖为主。

二、食物中营养素损失的原因

（一）切洗的损失

切洗后再水泡、清洗，会造成各种水溶性营养素（维生素、矿物质）的丢失。

（二）烹调时的损失

高温、长时间的烹调会造成许多不耐热的维生素的损失。

（三）不良饮食习惯的损失

煮粥加碱，破坏维生素 B；采用“捞饭法”蒸米饭，使多种易溶于水的营养素丢失；吃菜弃汤，使溶于水中的营养素无法利用。

三、运动强力营养素

营养素具有调节机体新陈代谢和生理机能的作用。根据强力营养素的作用目标，我们通常将他们分成四类（图 4-3-2）。

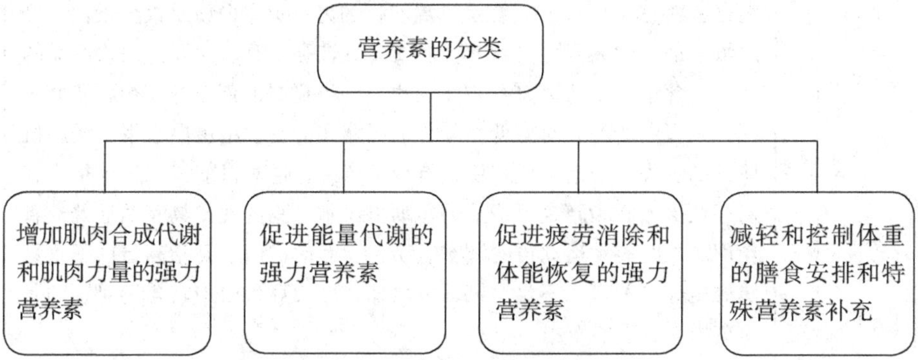

图 4-3-2　营养素的分类

（一）增加肌肉合成代谢和肌力的强力营养素

蛋白合成的原料和最佳蛋白合成的环境是肌肉的增大和肌力增长的两个条件。

1. 蛋白的合成原料

蛋白合成的最佳原料是生物活性的优质蛋白质和氨基酸。它们主要由以下几种成分组成（图 4-3-3）。

蛋白的合成原料

乳清蛋白 (Whey Protein)。乳清蛋白是在牛奶中提取的。乳清蛋白富含各种游离氨基酸及易于吸收的蛋白质，其生物价为 100，是所有蛋白质中最高的。在乳清蛋白中脂肪含量很少，富含支链氨基酸、谷氨酰胺。乳清蛋白对运动能力的作用主要表现为：提高机体免疫功能；延缓中枢神经系统疲劳的发生和发展；促进机体蛋白质的合成；提高机体的抗氧化能力。目前研究结果表明，大量补充乳清蛋白对机体没有任何副作用。

大豆蛋白 (Soy Protein)。在运动界流行的另一类蛋白粉是大豆蛋白。经过浓缩加工的大豆蛋白粉其蛋白质含量较高，有些大豆蛋白粉产品的蛋白质含量可以高达 80%以上，也是一种良好的蛋白补充剂。研究表明大豆蛋白的补充对降低血浆甘油三酯和低密度脂蛋白水平、缓解机体钙的丢失、防治骨质疏松具有积极意义，这对目前我国运动员中普遍存在摄入高脂膳食而造成的运动员血脂过高的现象具有明显的改善作用。同时对女运动员的调查表明，女运动员由于高脂高蛋白膳食易造成机体钙的摄入不足、钙丢失增加，而大豆蛋白中富含钙对预防骨质疏松具有重要作用。

支链氨基酸 (BCAA)。支链氨基酸包括亮氨酸、异亮氨酸和颉氨酸。它们都为必须氨基酸，其中以亮氨酸的实用性最高。支链氨基酸是运动员经常服用的氨基酸，支链氨基酸对运动能力的有利作用主要通过以下几个方面来实现：可以改善中枢神经系统的兴奋性，对维持长时间持续性运动的运动能力具有积极作用；可以促进肌肉力量的增长；对提高机体的免疫能力具有一定的作用。

HMβ。HMβ 是 β – 羟 —β – 甲基丁酸盐 (β – hydroxy—β – methylbutyrate) 的简称。国外就补充 HMβ 对运动能力的影响进行了大量研究，结果发现：补充 HMβ 具有抗蛋白质分解的作用，可以有效地增加肌肉的体积，提高力量；补充 HMβ 可以促进脂肪分解代谢，有利于脂肪的燃烧，增加去脂体重；补充 HMβ 有利于维护细胞膜的完整性，降低大负荷强度运动时骨骼肌的受损程度；补充 HMβ 对机体的作用与年龄和性别无关，不同年龄和性别的受试对象补充一定剂量的 HMβ 都取得了上述的效果。

图 4–3–3　蛋白的合成原料

2. 最佳蛋白合成的环境

促进自身睾酮、生长激素、胰岛素和相关激素的分泌，创造肌肉合成的最佳的激素环境的强力营养素包括肌酸、精氨酸、鸟氨酸、甘氨酸、铬、硼、Vc、锌、激力皂甙、中药制剂和传统的补肾中药等。这些营养品的作用主要表现在以下几个方面：促进肌肉及血红蛋白的合成；促进自身睾酮和生长激素的分泌；提高有氧能力和抗缺氧能力；调节神经系统、提高运动兴奋性；增强机体免疫能力。

（二）促进能量代谢的强力营养素

1. 基础营养常用的强化补品

基础营养素的强化补品有很多种，比较常见的如图 4–3–4 所示。

基础营养素的强化补品

- 健身饮、威创系列运动饮料的主要成分：低聚葡萄糖、果糖、葡萄糖、苹果酸、氨基酸、维生素 B1、维生素 B6 等。主要功能：增加运动中供能物质，配合 FDP 胶囊可以强化耐力能力、延缓疲劳、提高训练效果、促进体能恢复。
- 磷酸果糖胶囊主要成分：1，6—二磷酸果糖、苹果酸、氨基酸、维生素 B1、B2、B6、C、E 等。主要功能：运动中抗缺氧、改善肌肉、大脑的能量代谢调节，提高抗疲劳能方。
- 1，6—二磷酸果糖注射液主要成分：1，6—二磷酸果糖等。主要功能：促进运动后疲劳的消除和肌肉细胞膜损伤的修复，提高训练效果。

图 4–3–4　基础营养素的强化补品

2. 糖的补充

（1）补糖的基本作用

补糖的主要作用为：缓解运动后期中枢神经的疲劳，降低整体代谢机能的疲劳感；维持高强度有氧运动；降低运动引起的免疫抑制；节省肝糖原，减少蛋白质消耗，降低血尿素水平；保持良好的血糖水平，有助于维持 CP 和糖供能的速率。

（2）补糖方法

补糖包括运动前补糖、运动中补糖和运动后补糖三种情况，下面是三种补糖的方法（图 4–3–5）。

补糖方法

运动前补糖方法。运动前 2~4 小时吃一顿含糖丰富的膳食可显著地增加肌糖元、肝糖元的含量。对前一次运动未恢复者或前一次进餐与运动之间的间隔过长者，这一餐高糖膳食尤其重要。近几年的大多研究证明，运动前 2 小时内补糖虽然引起过血浆胰岛素浓度上升，但引起的代谢反应是暂时的，并无生理显著性，大多研究证明还能提高 2 小时以上的中等强度运动能力。早晨适量高糖快餐或饮料，可以在 30~90 分种内消化和吸收，这对上午参加比赛的运动员是比较适宜的选择。

运动中补糖方法。运动中宜选用含葡萄糖、果糖、低聚糖的复合糖液。补充含果糖、葡萄糖的复合液，其吸收率要比单纯葡萄糖高 20% 之多，但果糖的使用量不宜超过 35 克 / 升。低聚糖分子量大，其渗透压低于葡萄糖，甜度小吸收也快，适合在运动中加量使用。

运动后补糖方法。运动后补糖的作用是发挥糖原合成速度快的优势，促进糖原恢复。运动后即刻、头 2 小时以及每隔 1~2 小时连续补糖，在 6 小时以内补糖效果好。运动后即刻应以补充运动饮料为主，如康比特的系列运动饮料、伟特系列运动饮料、军工大分子糖冲剂。有利于运动后糖原贮备的恢复，40 分钟以后以膳食为主要糖的来源，促进糖原恢复。

图 4-3-5　补糖方法

3. 补充体液

补充液体具有维持水平衡、电解质平衡、调节体温和保持机能等作用。如果出现脱水状况，会导致运动员血容量下降、心输出量减少、单位时间供氧减少，对训练和运动能力造成很大危害。理想的补液饮料具有促进饮用，迅速恢复和维持体液平衡、提供能量、增进运动能力的功能。如图 4-3-6 所示，是体液补充的方法。

体液补充方法

- 运动前补液：运动前 30~120 分钟补充 300~500 毫升。对运动中增加排汗量，减少体温上升的幅度，延缓脱水发生有效。在特别热的天气，还应额外补液 250~500 毫升。
- 运动中补液：少量多次。一般每小时的补液总量不超过 800 毫升。
- 运动后补液：以摄取含糖—电解质饮料效果最佳，饮料的糖含量可为 10%，补液的总量由体重恢复的情况估计，仍以少量多次为原则，不可暴饮。

图 4-3-6　体液的补充方法

（三）加速训练后疲劳的消除和体能恢复的营养强力剂

像维生素 E、维生素 C、胡萝卜素、番茄红素、硒和中药保健品等营养品，服用后都能有效地促进疲劳消除，并达到体能恢复的目的。而不同的营养强力剂，在人体中所起到的作用也有些许差别。如图 4-3-7 所示，是两类作用不同的营养强力剂。

营养强力剂的种类

- 加强免疫系统恢复的强力营养素。这类物质主要包括：伟特摘金者(乳清蛋白、牛奶分离蛋白、α—白蛋白、谷氨酰肽)、各种特异蛋白(如免疫球蛋白、谷胱甘肽等)、谷氨酰胺胶囊、谷氨酰胺肽、大蒜素、维生素 E、蕃红素等天然物质以及黄芪、人参等中药制剂。
- 抗氧化剂类营养素。这类营养品有：谷氨酰胺、维生素 E、维生素 C、维生素 EC 复合剂、蕃红素等。其中抗氧化效果最为理想的是维生素 E、蕃红素，其主要存在番茄中。

图 4-3-7　营养强力剂的种类

四、各种营养链

（一）促进耐力增长的营养链

营养品的服用既要适时又要适当。选择性地补充营养品，不仅可以全方位地发挥其促进作用，还可以有效的改善运动耐力。而不同营养品的作用也都不同，以下是几类不同营养品的作用。

（1）磷酸果糖：改善心肌供能，提高骨骼肌代谢抗酸能力，提高红细胞运氧能力。

（2）糖：提高中枢、红细胞的机能水平。

（3）苹果酸：有氧代谢链的活性物质，具有加速有氧供能的效果。

（4）适量肌酸：加速 ATP 转运到肌原纤维旁，发挥调节代谢供能的作用。

（5）辅酶 Q：补充后能促进肌内氧的利用，从而提高有主供能能力。

（二）抗酸化促进速度耐力的营养链

抗酸化促进速度耐力的营养链分为训练前对人和训练后对速度耐力素质的营养措施两种情况（图 4–3–8）。

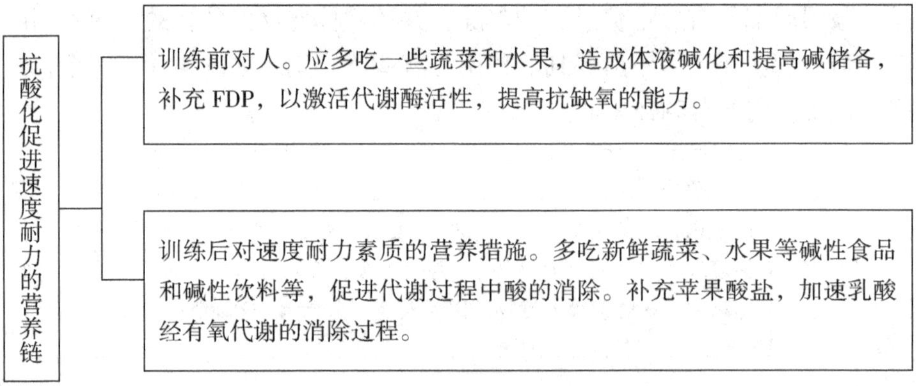

图 4–3–8　抗酸化促进速度耐力的营养链

（三）提高运动训练效果的营养补充

总的指导原则：使用促合成、抗分解的营养品，配合力量训练。

1. 营养组方之一

这种组方以肌酸为主，以糖为辅，同时还需要补充 VC、VE、牛磺酸等。如果是大负荷力量训练，需要再补充一些能保持 CP 恢复良好代谢环境的运动饮料。这些运动饮料要含有伟特复合肌酸或康比特肌酸。

2. 营养组方之二

以有机铬、钒等为主，蛋白质、糖等营养素为辅。其生理作用是：铬和钒不仅仅是胰岛素代谢的必需物，还可以促使胰岛素的释放，从而，进一步利用血胰岛素的升高来促进血液氨基酸、肌酸等营养物进入组织细胞内参与合成代谢。

3. 营养组方之三

必需脂肪酸和 HM。生理作用主要体现在：更新组织细胞膜和线粒体膜的结构，提高细胞抵抗高负荷运动应激带来的负面影响；促进蛋白质合成代谢和抗分解代谢；促进脂肪分解和抗脂肪合成；抗氧化；防治因力量训练而造成的“肌肉超微结构损伤”等。HM，具有抑制蛋白质降解的作用，促进肌肉力量的提高。

五、补充营养补剂应注意的问题

（1）关键是膳食营养，尤其对于青少年运动员，合理的膳食营养更为重要。

（2）含糖运动饮料作为常备品，不饮用纯净水。

（3）加强对青少年运动员营养状况的监测。

（4）应根据青少年的生长发育特点补充促进生长激素分泌的营养品，切记不可盲目大剂量使用。

（5）促进睾酮分泌的营养品应结合监测指标调整使用。

（6）铁制剂与钙制剂或含钙较多的营养品不要一起服用。

（7）营养品的使用要遵循节律性、交替性、个体性原则。

（8）大剂量的促进生长激素分泌的营养品使用会使生长激素过度分泌，导致骨垢过早形成而影响其身高。

（9）不注意铁的补充极易引起运动性贫血的发生。

（10）钙的补充不充分，易引起肌肉痉挛、骨形成受影响。

（11）肌酸长期大量补充，会抑制自身肌酸的合成能力。

（12）营养品补充缺乏针对性，效果差、经费浪费大，从而使教练员、运动员失去对这些营养品的认知程度。

（13）微量元素过量摄入易产生极为不利的影响。

六、我国足球运动员膳食管理上存在的问题

由于缺乏运动营养学知识的指导，加上观念的落后，我国足球运动队膳食管理和工作人员在实际工作存在一些急待改进的问题，这是导致我国足球运动员膳食营养结构不合理、烹调的方式与科学膳食不相适应的根本原因。

（一）膳食管理工作存在的主要问题

（1）没有生吃的蔬菜。

（2）主食品种少(早餐除外)。

（3）过多的猪肉使膳食中脂肪含量居高不下。

（4）对食物相克了解不够。

（5）配餐中酸性碱性食物搭配不科学。

（二）我国足球运动员基础营养膳食不合理的主要问题

（1）运动中忽视了水和无机盐的及时补充。

（2）碳水化合物(糖)摄入严重不足。

（3）部分维生素摄入不足。

（4）脂肪和蛋白质摄入过多。

（5）水果代替蔬菜，或蔬菜代替水果。

（6）精制食品代替粗粮。

第五章　现代足球训练科学评价的理论与方法

现代足球体能、心理及技战术在经过训练之后，需要运用科学的标准与方法来对这些方面的训练效果进行评价，评价结果能够为训练计划的调整提供依据，确保之后训练成效的提高。本章主要研究足球训练科学评价的理论与方法，着重从足球运动员的体能素质评价、基本技能评价及自我评价三方面入手。

第一节　足球运动员体能素质的评价

足球运动员体能素质的评价有利于使运动员对自己的体能素质有一个正确的认识，从而有针对性地进行训练。本节主要从力量素质、速度素质、耐力素质、柔韧素质及灵敏素质五个方面来对足球运动员的体能素质进行科学评价。

一、身体素质训练概述

身体训练是足球运动训练的重要组成部分。是确保运动员有机体适应大负荷足球训练和比赛的保障，为促进足球运动员身体全面发展，为运动员掌握各种技、战术动作创造了物质条件，是使运动员在比赛中保持高度的竞技状态，充分发挥技术、战术水平以及改善运动员的机能，提高运动能力，延长运动寿命，减少运动创伤，培养坚毅、顽强、勇于吃苦的优良品质的有效手段。

足球运动是一项争夺激烈、对抗性很强，以间歇性、高强度的反复冲刺跑以及在长时间剧烈的奔跑中频繁换位的混合性运动项目。现代足球比赛自 20 世纪 70 年代“全面型”足球问世以来，呈现出“强对抗，高速度”

的明显特点。足球比赛的运动强度是比较大的，并且每两场足球运动比赛之间的间隔时间也比较短，如果运动员的身体素质不能为比赛提供强有力的保证，那么，对于比赛成绩的影响是比较大的，没有身体素质作为保证，运动员平时训练的技术和战术也不能得到有效发挥。随着足球运动的全面发展，比赛趋势正在朝着全面进攻与全面防守的方向发展，这在一定程度上也提高了对于足球运动员的身体素质要求。对足球运动员的体能要求日益突出，因此，身体训练就显得很重要。

随着足球运动技术、战术水平的迅速发展、提高，身体训练也不断发展。改变了过去身体训练的片面性，加强了全面的身体训练，并结合足球项目的运动特点，在进行速度、柔韧、灵敏、力量、耐力等素质训练中，多采用在运动中有节奏和强度较大的训练方式，改变了以往在静止中进行柔韧、协调、力量等素质以及教条死板的速度训练方式，因而促进了足球运动员身体素质的全面发展和提高。

近些年，从世界各洲际杯和世界杯等大型、重要足球比赛的情况看，运动员在动态中奔跑、变向的能力、争抢、拼抢、协调能力较过去有明显提高，比赛之激烈更提高了足球的观赏性。这说明足球运动员的身体素质在不断提高。也可以看出世界各强队已把身体训练放在了十分重要的位置。通过实验我们不难发现，科学地进行足球运动训练对于提高足球技战术水平具有非常重要的作用，良好的身体训练对于减少运动损伤和防止运动损伤具有非常重要的预防作用，同时，良好的足球运动素质对于延长足球运动寿命也有一定的保护作用。

在各项身体素质中，从足球运动的专项特点来看，力量和速度是运动员在比赛中完成全队和个人战术打法的基础，而速度耐力则是运动员在比赛中始终发挥高水平竞技能力的保证。因而对于高水平的运动员来讲，抓好身体素质的训练是十分重要的。身体素质训练时，应该充分考虑各项素质间产生的相互作用和影响。以科学的方法和手段安排各项身体素质训练促使运动员身体素质全面发展和提高。

二、足球运动员力量素质评价

(一) 俯卧撑

1. 评价目的

对足球运动员的臂力进行测试与评价。

2. 评价方法

受测试的人需要呈俯撑的姿势，用手掌和前脚掌来支撑自己的身体，进而保持身体的平衡，最后双臂弯曲，在保证身体直线的状态下，完成一次小于或等于90° 的曲臂过程，则计成绩一次。22次为优秀，18次为良好，15次为中等，10次为及格。

（二）仰卧起坐

足球运动员的仰卧起坐在体操垫上或草皮场上进行。

1. 评价目的

对足球运动员的腰部力量进行测试与评价。

2. 评价方法

受测试者仰卧于垫子上，小腿与小腿呈现出90° 的夹角，双手交叉于脑后，同伴按压住受试者的脚腕，受试者收腹抬头，每当双肘接触到膝盖部位时，则计数一次。

（三）引体向上

1. 评价目的

对足球运动员的臂力进行测试与评价。

2. 评价方法

双手握杠，掌心向前，拇指相对，身体自然向下，双臂弯曲，带动身体向上运动，下颌超过杠面则计一分。

（四）掷界外球

1. 评价目的

对运动员进行掷界外球评价的目的就是对运动员的上肢、下肢以及腰腹力量能够有一个良好的测试与评价，同时对运动员的身体协调性也进行了相应的测试。

2. 评价方法

在相对平整的足球场上，同时在规则所要求的界外球规格条件之下，运动员做掷界外球动作，在两次掷球之后，取两次中成绩最好的作为评价的标准。

（五）助跑单脚纵跳

1. 评价目的

进行助跑单脚纵跳的目的就是对运动员的下肢力量进行测试与评价。

2. 评价方法

找到一块平整的地面，受试者站在墙边，在双脚脚跟不离地的情况下，双手上举，此时做记号，然后受试者离开墙边，单脚用力起跳，所触到的最高点，做记号，动作重复三次，取成绩最好的一次来记录成绩。

三、足球运动员速度素质评价

足球运动员速度素质评价的方法主要有以下几种。

(一)三角(10 米 ×3)跑

1. 评价目的

对足球运动员变向跑的灵活能力进行测试与评价。

2. 评价方法

如图 5-1-1 所示，在平整的场地上划出边长为 10 米的等边三角形，选出一角的顶点做起、终点。

受试者从起点开始跑动，先顺时针方向进行跑动，跑动一周之后，再逆时针跑，受试者到达终点之后停止计时，但是在跑动的过程中如果受试者踩到了三角形的边线，则需重新跑。

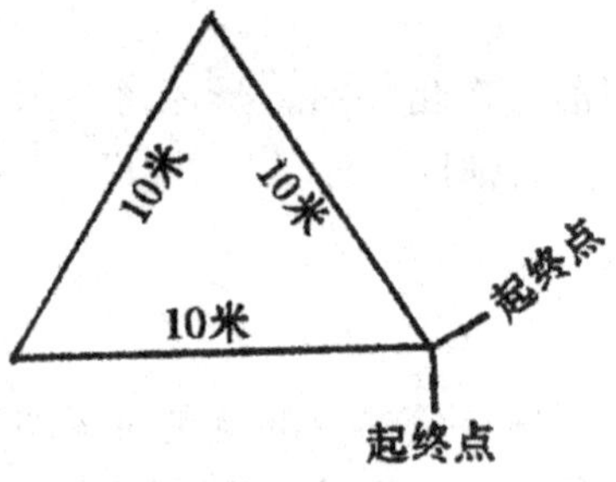

图 5-1-1

(二)5×25 米折返跑

1. 评价目的

对足球运动员折返跑的速度和耐力素质进行测试与评价。

2. 评价方法

如图 5-1-2 所示，在 6 米 ×25 米的场区内，间隔 5 米的距离划一条 6 米长的线，受试者先由起点跑至 5 米处，返回，然后跑至 10 米处返回，以此类推，直至跑完全程，计时停止。

如果受试者在跑动的过程中出现了滑道或者是脚没有踩到线的情况，则需要重新跑或不计入成绩，间隔 5 分钟左右，再次进行测试，取两次运动成绩最高好的一次记录。

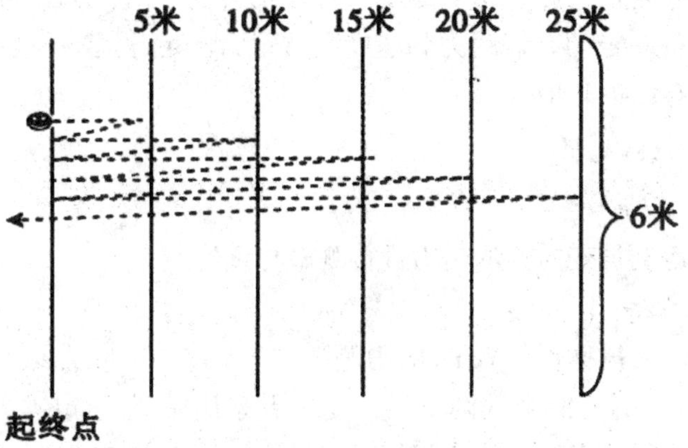

图 5-1-2

（三）30 米绕杆跑

1. 评价目的

进行 30 米绕杆跑的目的就是对运动员身体的协调性与灵敏性进行测试与评价。

2. 评价方法

首先需要在空地处树立不同间距的标志旗杆，运动员从旗杆的一头进行跑动，起跑采用站立式起跑的姿势，由受试者自己决定开始跑的时间，但是唯一的要求就是受试者一定要绕过每一个旗杆，跑至终点，停止计时。间隔大约 2 分钟的时候，进行下一组的测试，两组成绩较为优秀的成绩做记录（图 5-1-3）。

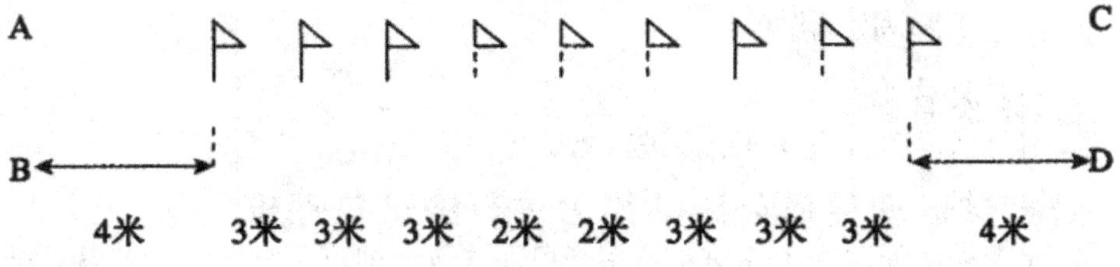

图 5-1-3

四、足球运动员耐力素质评价

在进行足球运动比赛的时候，耐力素质是必不可少的，在整场比赛中，运动员都需要来回奔跑，这对运动员身体耐力素质的要求极高，所以，运动员需要具备一定的有氧耐力和速度素质耐力。足球运动员耐力素质的评价方法主要有以下几种。

（一）YOYO 跑

1. 评价目的

对足球运动员变向跑的耐力进行测试与评价。

2. 评价方法

YOYO 跑又被称作“YoYo 耐力测试”（YoYo Endurance Test），在田径跑道上划出相距 20 米的两条线，受试者采用站立式起跑，从一条线出发跑向另一条线，在两条线之间按录音机播放的 YOYOTEST 录音带的节奏做往返跑。受试者必须在每次发出节奏的鸣叫声时踩到线（按节奏踩到的线）并折返跑向另一条线，如不能按时、按节奏踩到该踩到的线时即为犯规，第一次警告，第二次即停止测试并记录跑的时间，按跑的时间评分。

12 分为优秀，11 分 30 秒为良好，10 分 50 秒为中等，9 分 40 秒为及格。

（二）12 分钟跑

1. 评价目的

对足球运动员耐久跑的能力进行测试与评价。

2. 评价方法

在 400 米跑道上运动员向前跑动，与此同时教练员开始计时。用时 12 分钟，教练员发出信号，停止计时，同时运动员也停止跑动，在原地做标记，最终计算运动员跑动的成绩。

（三）跑固定距离

1. 评价目的

对足球运动员的有氧耐力进行测试与评价。

2. 评价方法

受测场地如图 5-1-4 所示，运动员需要按照前进、侧向跑、后退、转身以及障碍跑的程序进行，在教练员发出命令之后，受试者要在尽可能短的时间内完成测试的循环。

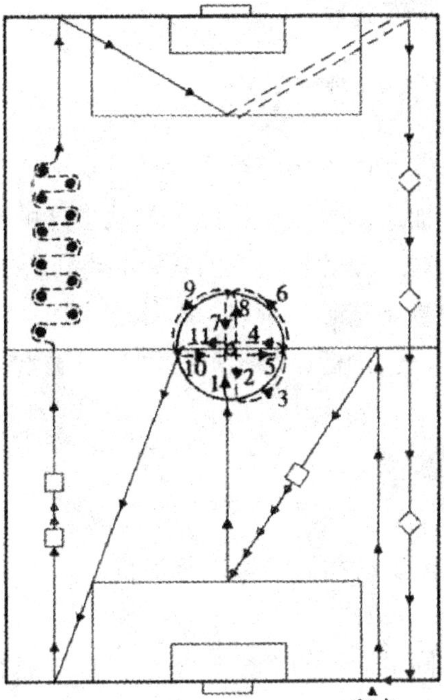

图 5-1-4

五、足球运动员柔韧素质评价

在身体素质的训练过程中，柔韧性的训练是必不可少的，这也是足球运动员从事足球运动中所必需的一种身体素质，柔韧性在比赛的过程中表现为身体的协调性与柔韧性，良好的柔韧性在一定程度上能够增加足球运动动作的幅度，增加动作的威力与协调性，同时还能够增加动作的力量，减少运动损伤的发生，所以，在身体素质训练的过程中，柔韧性素质的评价是一项非常重要的评价内容。

足球训练柔韧素质的评价主要是采用直立摸低的方法来进行，具体如下。

受试者需要在垂直的台阶上进行测试，受试者双腿并直，脚尖与台阶的前沿同齐，上体向前屈，双臂伸直，双手沿着台阶向下摸，指尖尽可能向前触。

计分时以台阶平面边沿为 0 点，向下为正值，向上为负值。测量受试者指尖摸到的最低点距 0 点的距离。23 厘米为优秀，18 厘米为良好，

13 厘米为中等，7 厘米为及格。

六、足球运动员灵敏素质评价

灵敏素质在足球运动中是运用最多的一种身体素质，良好的灵敏素质在一定程度上能够增加运动员控球的能力与截击球的能力。在足球比赛中运动员需要经常进行短距离的直线、曲线、折线的快速跑，良好的灵敏素质正是保证冲刺跑的重要基础，所以，在体能素质的评价之中一定要注意采用合理的灵敏素质评价指标，对足球运动员灵敏素质评价的方法主要有以下两种形式。

（一）3 米交叉步摸地

1. 评价目的

对足球守门员的灵敏性与协调性进行评价。

2. 评价方法

测试人数及准备同上。听口令后，用交叉步快速在两条线之间往返跑(始终面向一方)，每次只能用一只手摸到边线，计 30 秒摸到边线的次数。测两次，取最好的一次记录成绩。

3. 注意事项

采用 3 米交叉步摸地方法对足球运动员的灵敏素质进行评价时需要注意以下几点。第一，受测试者每次往返，必须摸到边线；第二，测试者在记录时，可精确到 0.5 次；第三，测验时，要求受测试者穿胶鞋。

（二）3 米侧滑步

1. 评价目的

对足球守门员快速横向移动的灵活性进行评价。

2. 评价方法

在进行测试的时候，每次测试 2~4 人即可，受试者需要站在两条边线之间，一脚踩线，听到开始命令之后，在两条边线之间进行往返跑，每次往返跑都需要一只脚踩到边线，在一定时间内踩到边线次数较多的人获胜，每人测试两次，取最好成绩做记录。

3. 注意事项

运用 3 米侧滑步的方法对足球运动员的灵敏素质进行评价时需要注意以下几点。第一，受测试者每次往返，必须踩到边线；第二，测试者在记录时，可精确到 0.5 次；第三，测验时，要求受测试者穿胶鞋。

第二节　足球运动员基本技能的评价

在足球运动中，足球运动的技术是完成足球战术的基本条件，足球技术的运用娴熟程度、精准度以及合理性等共同决定了完成足球战术意图的质量。

本节主要就足球运动员与守门员的基本技术、足球运动员的综合技能进行评价，以使足球运动员能够充分认识到自己在技术水平与综合技能方面存在的不足，并有针对性地加强训练。

一、足球运动员基本技术评价

根据足球运动员在比赛中是否有效结合球进行运动，可以将足球技术分为有球技术和无球技术。足球的有球技术是运动员以动作的形式来实现待定目的的方法过程，其评价内容与方法主要如下。

（一）传球技术评价

足球运动员传球技术的评价方法主要有如下几种。

1. 吊圈传准（脚背内侧）

（1）评价目的

对足球运动员传球的准确性进行测评。

（2）场地器材

一块足球场地，一个足球。测试场地如图 5-2-1 所示，图中外圆半径为 4 米，内圆的半径为 2.5 米。

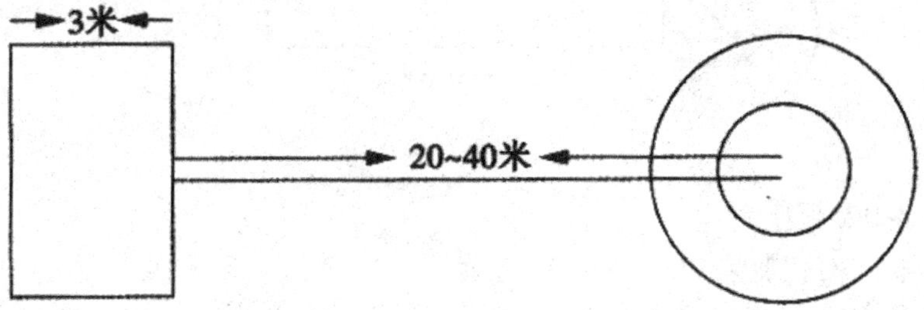

图 5-2-1

（3）评价方法

受试者需要把足球放在第一条线上面，将球拨向传转球的区域里面，然后迅速上前，用脚背的内侧将球踢出。

评分标准为每人踢 5 脚，进球第一落点在小圈得 2 分，在大圈得1分，未传到圈不得分，满分为 10 分。

2. 三角形地滚球传准

（1）评价目的

对足球运动员传接地滚球的能力进行测评。

（2）场地器材

3 个直径 5 米的圆圈构成 3 个测试区域 (A 区、B 区和 C 区)，每两个区的中心之间距离 17 米构成等边三角形 (图 5-2-2)；一个足球。

（3）评价方法

将受测试者分成3个小组，每组1名队员。3 名受测试者分别站在 A 区、B 区、C 区内，A 区队员持球，测试开始由 A 区队员将球按逆时针方向传给 B 区队员，B 区队员再将球传给 C 区队员，依次重复。传球部位不限，球传出或弹出测试区外，可快速运球回到测试区内继续做传球动作，30 秒的测试时间；计 30 秒之内 3 人相互间的传球次数。

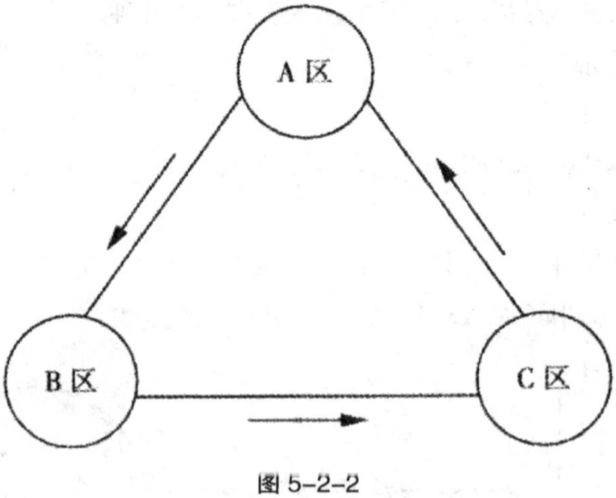

图 5-2-2

3. 球门墙射准

（1）评价目的

采用得分与技术评定相结合的办法对足球运动员左右脚定点射门的能

力进行测评。

（2）场地器材

按标准球门画好球门墙（内高用鲜明线均分为 3 份，内宽均分为 7 份，标明各部位得分）。球门墙前画出罚球区和罚球弧，并以球门底线中点为圆心，16.5 米为半径画弧（可适当调整难度）。测试场地如图 5-2-3 所示。

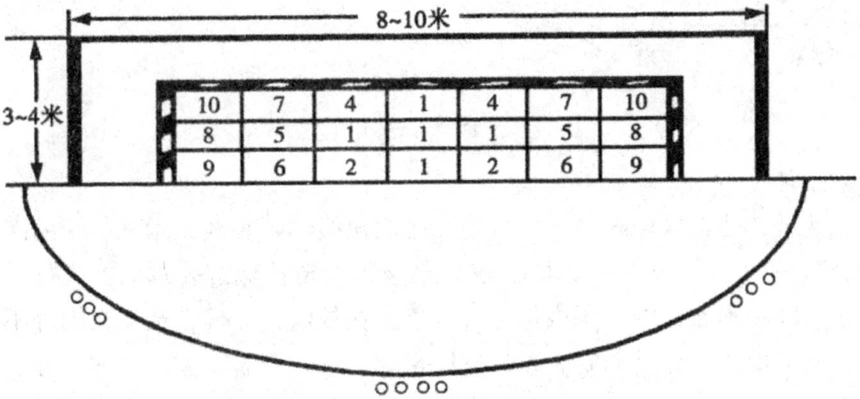

图 5-2-3

（3）评价方法

在罚球弧线外侧放 4 个球，罚球区两角弧线外侧各放 3 个球。受测试者射完10个球（左、右脚各踢5个球），记录射中部位的总得分，再由教练（组）以踢球的质量（力量、脚法等）为根据对其进行技术评定。

（4）注意事项

测试者站在正面观察射中部位报分，如果射中点正压在区分线上，则对两部位的平均分加以记录。

（二）接球技术评价

对足球运动员接球技术的评价主要通过接球传准来进行的，具体如下。

1. 评价目的

对足球运动员接四方高低球的技术和传球的准确性进行测评。

2. 场地器材

如图 5-2-4 所示，在球场或平坦的地面上画一条长度大于 5 米的白线。以白线为一边，在白线中段一侧画边长为 3 米的正方形接球区。接球区两边 1 米处各画 1 条与白线垂直的线，与接球区边线构成传球区。在白线中段的另一边距白线中点 20 米处插 1 根高 1.5 米的标志杆，以杆为中心画半径为 1 米和 2 米的两个同心圆。准备一块秒表。

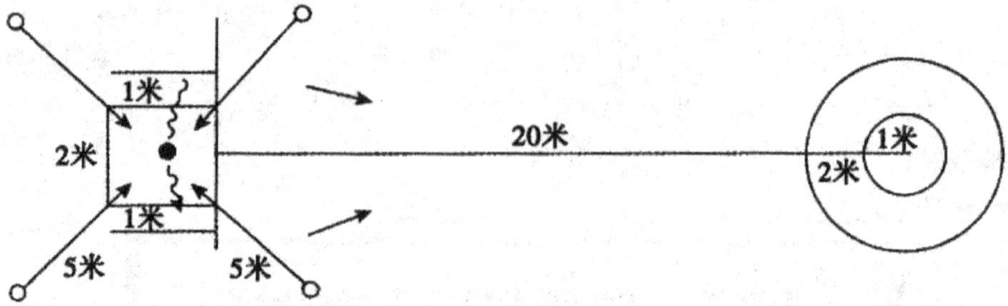

图 5-2-4

3. 评价方法

受试者站在接球区内，接从接球区对角线的延长线 5 米处传来的高球（胸部以下）和低球（地滚球），然后迅速带球至传球区并踢向标志杆。打中标志杆和落点在中心圈内得 5 分，落点在外圈得 3 分，落点在圈外不得分。要求接球后分别向右、左传球区带球 1 次，用右、左脚各踢 1 球。每 4 球为 1 轮，共测 3 轮 12 个球。从第一个球进入接球区开始计时，到第 12 个球踢出时停表。限时 1 分钟。在传球区外踢球扣 1 分，对受试者的所得总分进行记录。

4. 注意事项

没有在接球区接到球，需要运回区内再带往传区踢准；传球人需及时将球传出。

（三）运球技术评价

足球运动员运球技术的评价方法如下。

1. 折线运球

（1）评价目的

对运动员尽可能快地从起点运球经过折线运球到达终点的能力进行测评，对运动员折线运球速度的快慢进行测试。

（2）场地器材

如图 5-2-5 所示，在平整的足球场上划两条间距为 9 米的平行线，在平行线上分设 *A*、*B*、*C*、*D*、*E*、*F*6 个点，每条线上各点之间的距离不等。

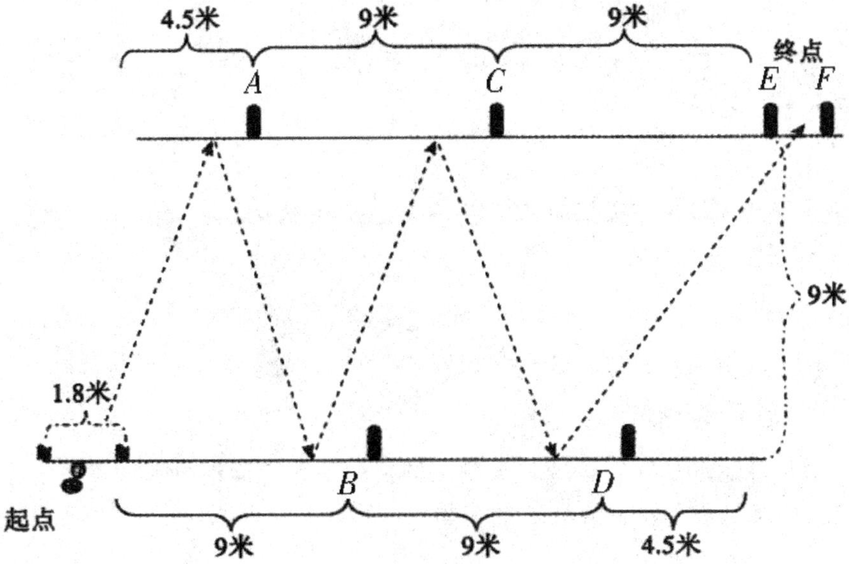

图 5-2-5

（3）评价方法

受试者站在起点线后，球动开表计时，受试者按虚线轨迹带球，在各个标志前过线后折线变向运球，在 E、F 之间的终点线之外踩停住球，停止计时。

（4）注意事项

第一，受试者、球不得绕过标志；第二，球的整体在运球折返时必须越过标志前的线；第三，球不能与两条线上的标志触碰。

2. 折返运球过杆

（1）评价目的

对足球运动员掌握运球技术的熟练程度进行衡量。

（2）场地器材

在平整的场地上划两条相距 20 米的线，两条线中间插 10 根距离不等 (1~3 米) 的标杆；一块秒表。

（3）评价方法

当听到教练员的口令时，受试者则需要从端线开始运球，同时教练员开始计时，从左右两侧依次穿过杆，运球至终点之后，向反方向运球，直到运球至起点，测试两次，取成绩最好的依次做记录（图 5-2-6）。

（4）注意事项

第一，计时精确到 0.1 秒；第二，受试者不得将标杆碰倒；第三，漏杆者须补过杆。

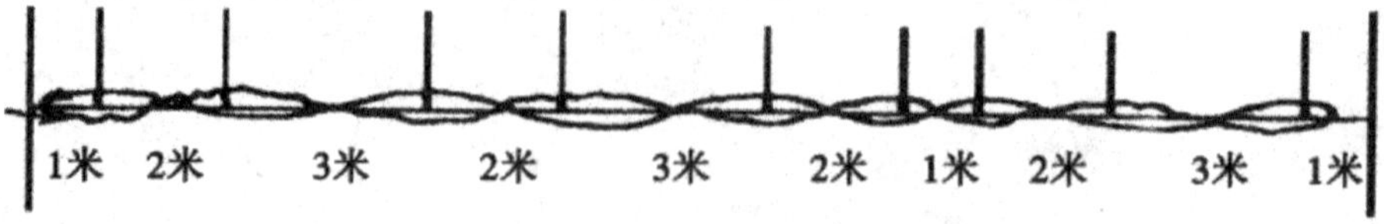

图 5-2-6

3. 运球转身

（1）评价目的

对足球运动员进行运球转身测试的目的就是对运动员的转身速度和身体协调性能够有一个良好的测试和评价。

（2）场地器材

一块平整的场地，足球。

（3）评价方法

如图 5-2-7 所示，在场地上划相距 4.5 米的 *A* 线和 *B* 线。受试者持球站在 *A* 线后，球动开始计时，受试者带球从 *A* 线到 *B* 线，过 *B* 线后迅速转身返回 *A* 线；过 *A* 线后再迅速转身返回 *B* 线，最后返回 *A* 线并停球，计时停止。

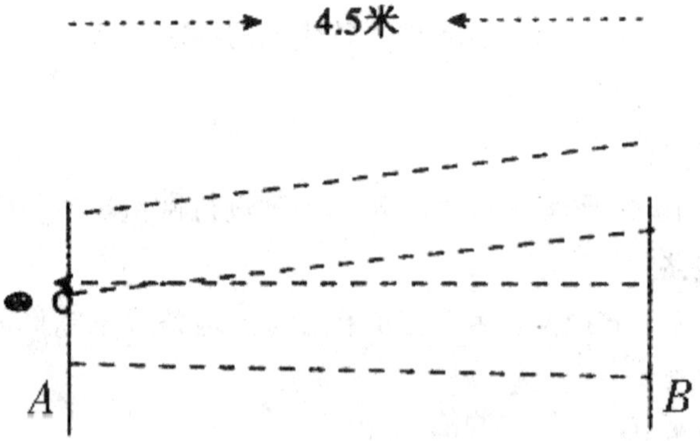

图 5-2-7

（四）踢定位球技术评价

足球运动员踢定位球技术的评价方法如下。

1. 定位球传准

（1）场地器材

以一面 1.5 米高、插有彩色小旗的标志杆为圆心，以 3 米和 6 米为半径分别划两个同心圆，以插有彩旗的标志杆作为传准的目标。根据运动员水平的高低，两个同心圆的半径可适当地缩小或扩大。以 25 米长为半径，以插有彩旗的标志杆为圆心向任何方向划一条 25 米的长弧作传球限制线。

（2）评价方法

受试者需要将球放置在限制线上，同时用脚背的内侧向圈内进行传球，直至球落点在圈内或者是圈线上则为有效，不同落点所对应的区域计不同的分数，落点越靠近圆心，则分值越大。

2. 定位球踢准

（1）场地器材

在距“足球墙”下沿中心 20 米处画一条平行于“足球墙”下沿的 3 米长的限制线。

（2）评价方法

受试者需要将球放置在限制线上，把球踢向足球墙，以运动员的踢准情况为主要依据，最终进行运动成绩的记录与评定。

（3）注意事项

球可以擦着地面射到墙上，但不能踢地滚球。

二、足球守门员基本技术评价

足球守门员基本技术的评价内容与方法如下。

（一）持球踢准

1. 评价目的

对守门员脚踢发球的准确性进行评价。

2. 场地器材

如图 5–2–8 所示，选择一块标准的足球场地，在球场中圈里画一个直径为 5 米的圆，在两边线和中线相交的两角分别画出边长为 5 米和 8 米的两个正方形。

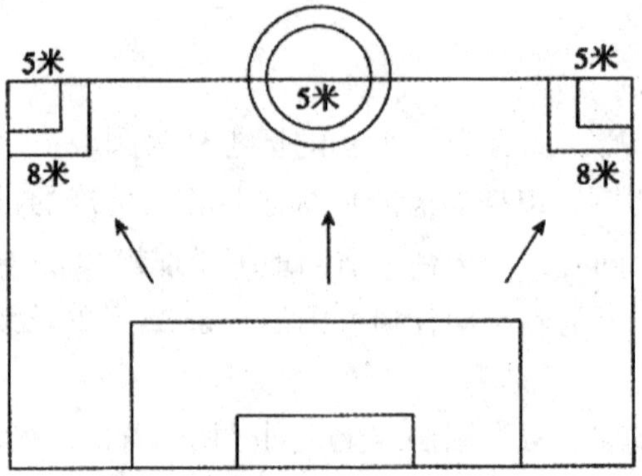

图 5-2-8

3. 评价方法

守门员持球站在罚球区内，向左右后场的两正方形内各踢 3 个球，向中圈内踢 4 个球。球落点在小方形及小圆内得 3 分；球落点在小方形外大方形内、小圆外大圆内得 2 分；球落点在场内得 1 分；球落点在场外得 0 分，对守门员踢 10 个球的总得分进行记录。

（二）防守定点射门

1. 评价目的

对守门员连续防守定点射门的扑接球的技术能力进行测试和评价。

2. 场地器材

选择一个标准足球场。如图 5-2-9 所示，在罚球区内，以球门底线中点为圆心，以 16.5 米为半径画弧。

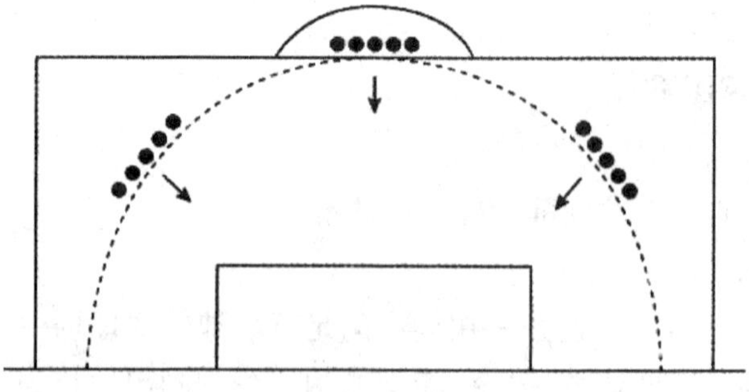

图 5-2-9

3. 评价方法

在罚球弧及罚球区两角弧线后各放 5 个球，射手根据计时员每隔 3 秒所发出的口令，依次用各种力量、角度、脚法射门。守门员接到球后从左右两侧将球抛出。记录并计算防守员防守的成功率。由教练对射手射门的平均质量做出优、良、中、差评定，分别对防守成功率乘以 1、0.9、0.8、0.7，计算守门员的得分，记录防守定点射门的成功率(取整数)。

4. 注意事项

射手将球踢出界需补踢；出界球守门员手触到球也算防守成功。

(三)扑定点球并发球

1. 评价目的

对守门员扑定点球、退守速度、手抛发球的准确性进行测试和评价。

2. 场地器材

如图 5-2-10 所示，在标准的足球场中，球门区内罚球区两角连线的延长线外 5 米处为圆心画直径为 2 米的两个圆；在球门区两角各放 4 个球；一块秒表。

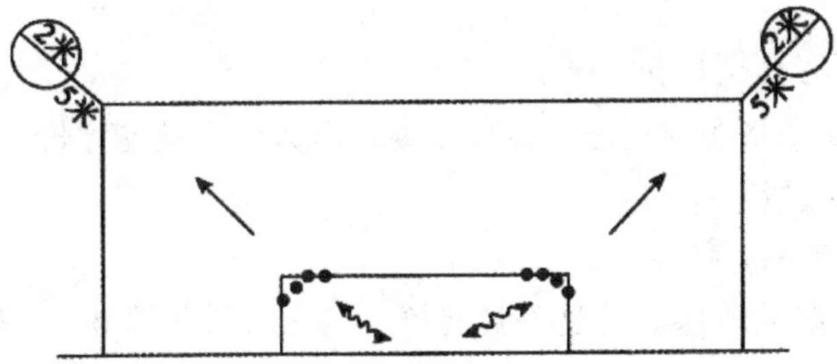

图 5-2-10

3. 评价方法

在进行扑定点球评价的时候，守门员需要从球门的底线中点出发开始计时，首先需要向右倒地扑右角球，然后起立，准备扑向左方圆内。完成向左角方向扑球动作之后，回到底线中点，直至测试完 8 个球，每一个球的落点都发到圆外加计 1 秒，对完成的总时间进行相应的记录。

三、足球运动员综合技能评价

下面将从足球运动员的进攻技能、防守技能、守门员的技能三方面对足球运动员的综合技能进行评价。

(一)进攻技能评价

足球运动员进攻技能的评价主要分为无球进攻技能评价与有球进攻技

能评价，具体如下。

1. 无球进攻技能评价

（1）首先考察的就是运动员能否通过假动作来摆脱对方的防守。

（2）其次考察的是运动员能否通过跑位、策动、突破等方法，为同伴创造出良好的进攻机会。

（3）最终考察的是运动员能否在无球跑动的过程中明确体现出足球战术的意识，或者是对战术的执行程度。

2. 有球进攻技能评价

（1）考察运动员在获得球权之后能否进行有效的观察与组织进攻。

（2）考察运动员是否具有明确的传球目标，并且在传球的过程中是否有效地利用了传球的一些技巧。

（3）考察运动员能否在恰当的时机，合理运用进攻的方式。

（4）考察运动员在射门的时候能否抓住恰当的射门时机以及合适的射门角度等。

（二）防守技能评价

对足球运动员防守技能的评价主要从盯人防守技能评价与区域防守技能评价两方面进行。

1. 盯人防守技能评价

（1）考察足球运动员是否具有恰当的由攻转守意识，是否采用了恰当的盯人方式。

（2）考察足球运动员在盯人过程中封堵、延缓、抢截、补位的意识是否强烈。

（3）考察足球运动员是否能够正确盯人选位，能否恰当地采用合理的紧逼或松动盯人方式。

（4）考察足球运动员在盯人防守的过程中局部与整体的防守意识是否强烈。

2. 区域防守技能评价

（1）考察足球运动员是否能够合理地运用防守选位、封堵、延缓、抢截等技术动作。

（2）考察足球运动员是否有较好的区域防守意识，能否有效地控制防守区域。

（3）考察足球运动员是否有较好的补位、协同意识，能够准确运用，整体防守意识是否具备。

（三）守门员技能评价

守门员技能评价的内容与方法如下。

1. 守门员防守技能评价

（1）首先需要考察对技术动作能否做出一个明确的判断，并对该动作进行合理的运用，最终达到防守的目的。

（2）比赛与处理定位球的过程中能否找到合适的位置进行防守。

（3）能否对罚球区进行一个有效的控制，规避罚球区的所有风险。

2. 守门员进攻技能评价

能否通过对准确合理的发球技术的运用来对进攻进行组织；获球后，发动快速反击的能力如何。

3. 教练员评定队员战术意识的分级标准

（1）较差：战术意识不强。

（2）一般：战术意识有待进一步提高。

（3）较好：能够基本合理地运用战术。

（4）好：有全面的战术意识，足球比赛中正确运用战术，且能够取得明显的效果。

（5）突出：在比赛的过程中能够比较熟练地将平时训练的战术加以运用，并且在比赛的过程中能够成为比赛的总体战术核心，并以此为契机，发起全面的防守与进攻战术。

第三节　足球运动员的自我评价

在日常的足球训练中，足球运动员可以以身体素质指标来衡量自己的运动能力，也可以对照一定的标准与要求来检查自己是否达标。具体而言，足球运动员的自我评价主要从体适能评价与技战术运动能力评价两方面进行。

一、足球运动员体适能的自我评价

足球运动员可以以每天规律性的生活方式为依据，对相应的活动指数进行计算(表 5–3–1)，然后再以总得分(强度 × 时间 × 次数)为依据对体适能的类别(表 5–3–2)加以区别，如果自己活动指数的总得分 <40，就需要加强运动训练，在时间、强度和次数上进行调整。

表 5–3–1 活动指数表

指标	分值	日常活动
时间	1	不超过 10 分钟
	2	10~20 分钟
	3	20~30 分钟
	4	多于 30 分钟
强度	1	低强度
	2	中等强度
	3	中度用力呼吸和出汗
	4	断续用力呼吸和出汗
	5	持续用力呼吸和出汗
次数	1	1 个月活动少于 1 次
	2	1 个月活动数次
	3	每周活动 1~2 次
	4	每周活动 3~5 次
	5	每天或几乎每天都会进行活动

表 5–3–2 体适能类别对比表

总得分	评价	体适能类别
<20	不活动	很差
20~40	不很够	差
40~60	较满意	一般
60~80	活动的	良好
80~100	活动的和健康的方式	好
100	积极活动的生活方式	优秀

二、足球运动员技战术运动能力的自我评价

足球运动员在日常的运动训练中可以通过等级评价和级别认定对自己的接球能力、运球能力、传球能力、颠球能力、射门能力、防守能力等进

行评价。具体内容与方法如下。

(一) 接球

足球运动员接球运动能力的自我评价的等级及级别认定参考表5-3-3。

表 5-3-3　足球运动连接球能力自我评价

等级	级别认定
差	接球动作不稳定，不稳妥，未能按照动作技术要领进行，不能准确判断来球，没有采用正确的接球技术动作，从而导致控球权的丢失，或使对方的进攻成为本方的威胁
合格	能够按照一般的接球技术动作要求对来球进行处理，接球的同时能够注意目标，传球意识明确，即使有对手逼迫，也能将接球动作完成，不会造成失误的现象
优良	能按照接球技术动作的意识实施要求，在特定的比赛环境中对接球超前性、战术性、风险性的配合要求能够正确理解并加以运用，能对传接球技术动作进行巧妙的运用，将传接球配合出色完成，促进有默契的进攻性接球的完成，或能够按照技术动作要领顺势过人形成进攻前奏场景的接球

(二) 运球

足球运动员运球技术能力的自我评价等级及级别认定参考表5-3-4。

表 5-3-4　足球运动员运球能力自我评价

等级	级别认定
差	运动员不能以正确态度对待运球，刻意表现自己，没有明确的目的，战术意识薄弱，无法准确选择运球时机，造成有利运球时机的浪费，导致不利于本方的严重后果出现
合格	能将紧逼防守成功摆脱，或在中、前场将防守干扰成功摆脱，能够主动或被动发起运球，以找到合适的传球、射门机会。在运球的过程中，如果主动运球导致严重失误的记入合格，进攻机会产生并获得良好进攻效果的可记为优良
优良	能够正确运用技术动作，动作特点个性化，有明确的运球目标与很强的战术意识，能够适当地掌握时机，能对运球技术优势充分利用并将个人的突袭性进攻主动发起，使个人才华展现，能使进攻性运球直接对对方构成威胁

（三）传球

足球运动员传球运动能力的自我评价等级及级别认定参考表 5–3–5。

表 5–3–5　足球运动员传球能力自我评价

等级	级别认定
差	表现出变形的技术动作，与传球技术意识不符，无法准确选择传球脚法与时机，传球的准确性极差，传球时被对方截断，使本方面临威胁
合格	能够基本准确并合理地采用传球技术动作，时空控制及相互配合的意识较强，一般性的进攻推进能够完成，或经传球后能够改善本方的处境
优良	基本正确地采用规范的传球脚法，在特定的比赛场景中能够合理选择传球时机、地域，表现出规范的传球动作，与传球技术意识要领符合，队员能够顺利接球，造成恰当的传球落点，能够在进攻中对对方造成直接或间接的威胁

（四）颠球

1. 原地颠球

受测试者连续做颠球动作，手触球或球落地则结束颠球练习，依据球碰触身体各部位次数的多少来对成绩做出评定。每人做两次，取最好的一次成绩记录。评价参考标准见表 5–3–6。

表 5–3–6　原地颠球评价参考标准

次数	550	440	330	225	120	115	113	111	99	77	55	33	22
得分	1100	995	990	885	880	775	770	665	660	555	550	445	440

2. 12 个部位颠球

受测试者用 12 个部位颠球（头、肩、胸、大腿、正脚背、脚内侧、脚外侧等）。在交换触球部位时，可通过对其他任何部位的运用来进行调整。12 个部位触球的顺序不做要求；计算成绩时以能触到球的部位为准。手触球或球落地视为结束颠球。每人两次，取最好的一次成绩记录。评价参考标准见表 5–3–7。

表 5-3-7 12 部位颠球评价参考标准

部位	112	111	110	99	88	77	66	55	44	33	22	11
得分	1100	995	990	885	880	775	770	665	660	555	450	345

3. 行进间颠球

受测试者可用不同部位(头、肩、胸、大腿、脚等)进行向前行进、连续颠球，以行进间连续颠球的距离长短为根据来对成绩进行计算，球落地或手触球视为结束一次颠球，以最后一次明显控制住球的触球为准来对距离进行核定。每人做两次，取最好的一次成绩进行记录。评价参考标准见表 5-3-8。

表 5-3-8 行进间颠球评价参考标准

距离(米)	440	338	336	334	232	330	228	326	324	922	220	118	116
得分	1100	995	990	885	880	775	770	665	660	555	550	445	440

(五)射门

足球运动员射门运动能力的自我评价等级及级别认定参考表 5-3-9。

表 5-3-9 足球运动员射门能力自我评价

等级	级别认定
差	在封堵严密、射门死角、距离过长等情况下的射门比较勉强，或者没有准确把握好射门时机等，没有合理采用正确的射门技术动作，导致出球无力和射门射飞
合格	在一般情况下，可以通过对规范的常规性技术动作的运用来完成射门，能够一鼓作气地完成射门，射门动作多样且合理，远距离射门的完成质量较好
优良	能对良好的射门机会加以创造与把握，基本合理地采用规范的射门技术动作，能够果断射门。包括抢点、凌空射门、铲射、补射、顶球的各种射门都应该计算有效，不管进球与否。其它与战术意识相符的射门或跑到位的有感觉的射门也应该算作优良

（六）防守

足球运动员防守运动能力的自我评价等级及级别认定参考表 5-3-10。

表 5-3-10 足球运动员防守能力自我评价

等级	级别认定
差	防守意识薄弱，反应慢，无法及时进行抢位和占位，或抢位时造成与防守队员“重叠”的现象发生，或在回撤时无法准确判断方向路线导致失误等，使对手抓住有利的战机，进行对本方有威胁的进攻
合格	采用正确的防守跑位，防守意识较强，抢位、占位、补位合理，能运用规范的防守技术动作对对方造成紧逼、堵截，使对方的进攻速度延缓，对全局的防守失误没有造成影响
优良	防守意识良好，能够以场上的需要为依据做出超前意识的抢位、占位、补位，在丢球后，能对自己所处的位置及时反应，造成对方进攻速度的延缓或使本队的防线增强；对对方的快速反击尽力扼制，在技术动作上能对紧逼、堵截、抢断等技术进行合理运用，能够对对方进攻的行为造成破坏的防守都是成功的防守

第六章　高校足球运动技战术技巧研究

足球运动技战术在高校足球运动训练中占有非常重要的地位，学生通过技战术的训练来获得一些真正的比赛技术，在掌握一些基本的技战术之后，学生们可能就会举一反三地发现一些实用技战术的合理运用方法，进而发现足球运动技战术之中的易犯错误，全面提高足球运动技战术的水平。

第一节　高校足球运动技术研究

一、足球运动技术的基本理论

（一）足球技术的概念及分类

1. 足球技术的概念

足球运动技术是人们在日常的训练和比赛过程中逐渐积累起来的，是一个长期的积累过程，足球运动员在比赛中所有能够用到的动作，我们称之为足球运动的技术。

随着社会的不断进步与发展，足球技术已经有了长足的进步，并且这种进步的形式已经呈现出了更快的趋势，运动员们为了赢得比赛的胜利，在平时的训练中都要遵循一种原则，那就是需要兼顾进攻与防守两个方面，更要注重与队友之间的相互配合。运动员在熟练掌握足球运动技术的前提下，才有可能执行教练员对于球员的战术安排，没有过硬的足球技术是不能完成战术安排的，并且足球运动的技术和战术之间是相互促进的，技术的提高能够促进战术的提高，战术的提高又能增加技术水平，两者之间的都是完成对方任务的首要条件。

现代足球比赛中，进攻与防守之间的转变是非常快的，而现在的战术打法也更加趋同于全攻全守，场上球员的职责也变得越来越模糊，这对进攻与防守的技术也都提出了比较高的要求。所以，在对足球运动员进行训练的时候，一定要重点加强技术与战术之间的相互配合，向着更加全面、准确与实用的方向发展。

2. 足球技术的分类

足球运动的技术种类是非常多的，在众多的技术种类中，一些比较简单的技术是很容易被大家所接受的，但是对于一些难度比较大的技术动作来讲，还需要运动员经过深刻的学习和刻苦的训练之后才能真正掌握。另外，在掌握良好的技术之后，还需要在适当的时机把这些技术加以运用，这样才能够在真正的比赛中取得良好的比赛成绩。

我们可以根据球员在场上的分工以及比赛过程中跑位的变化，将足球运动员的技术分为锋卫队员技术和守门员技术两个种类。但是，无论是什么类型的技术，运动员在进行足球比赛的时候一定要全面结合足球运动的技术动作，并且还要兼顾诸多无球动作，所以，足球技术又可分为有球技术和无球技术两种类型（图 6-1-1）。

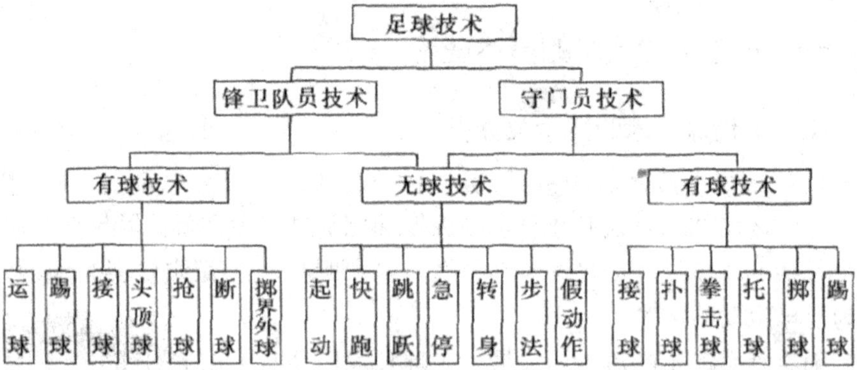

图 6-1-1

（二）足球技术的基本特征

1. 技术与即兴发挥相结合

足球比赛的局面变化是非常快的，对于足球比赛的结果没有谁能够进行准确的预测，这也是足球运动能够吸引人的重要原因，这同时也是由足球运动自身的不可预知性所带来的。随着社会的不断进步与发展，足球运动技术也得到了较大幅度的提高，足球运动员在比赛中处理球的时间与进行思考的时间将会变得越来越少，在比赛的过程中，留给球员思考的时间极度缩减，同时防守强度也在逐渐增加。这种形势下，足球运动员要有更加强烈的压迫感，激发自身的运动潜能，真正掌握一些擅长的运动技术，只有这样才能够在比赛中获得主动权。

即兴发挥就是运动员根据比赛的一些现实情况或者是突发的状况，适时地采用一些特殊的手段，将自己已掌握的技战术重新进行组合与整理，最终达到出奇制胜的目的。随着足球运动日新月异的发展与改变，运动员在场上进行即兴发挥的机会越来越多，当然，即兴发挥并不是让运动员不遵循教练的战术，而是在某些特殊的情况下不得不采取的一种方式与手段。即兴发挥要求运动员具备娴熟的运动技术以及勇于冒险的精神，并且这些所有的精神意志以及足球技术都需要在机会出现的一刹那表现出来。

2. 技术运用的目的性

足球运动的每一项技术都会有他自身的目的性，运动员在比赛场上进行比赛的过程中，他们所变现出的任何一种技术动作，都会带有一定的目的性。对于初学者来讲，他们可能对于足球运动的了解还不够深入，那么，他们在做动作的时候可能就会带有一定的盲目性。但是这种盲目性会随着运动水平的不断提高而逐渐增加，从这个维度上讲，就是要全面提高运动员的技战术水平，进一步减少运动的盲目性，最终会有助于目的性的提高。

足球运动是一项竞争非常激烈的竞技性运动，足球比赛的目标就是防止对方球员攻破本方的球门，而尽力将球攻入对方的球门。如果要想真正实现这一目标，就要尽可能地利用足球技战术，控制好球的运行，并且还能够通过一些有效的途径掌控比赛的节奏，伺机射门得分。控制球的能力在一定程度上讲就是保证比赛胜利的根本性条件，要想保证比赛的胜利，运动员需要掌握扎实的基本功，娴熟地运用这些技术，并且在比赛的过程中具备良好的心理素质，做到运动技术与比赛目的之间的良好结合。

3. 技术与速度相结合

足球运动正在朝着高速度、强对抗的方向来发展，最突出的表现就是运动员在身体素质上的增加，特别是速度的增加，比如动作速度、运动速度以及动作的速率等。所以，要想真正能够适应现代足球运动的一些强烈对抗，最为重要的因素就是需要在速度上有大幅度的提升。特别是快速移动的能力以及技战术的运用能力，如果运动员在比赛的过程中，没有出色的运动能力以及速度能力，即使技战术能力再强，也不能得到有效的发挥。

4. 技术与意识相结合

意识就是运动员在比赛的过程中对于整个比赛的一种规律性认识，并且能够根据场上形式的变化或者比赛结构的更新，进而采取一种比较有效的行动来改变当前的不利状况，在足球运动场上的一举一动都能够全面反映出足球运动员的运动意识。

另外，良好的足球运动意识也是足球取胜的重要前提，在防守的过程中，如果防守人能够对于进攻队员有一个预判，在对方球员进攻的道路上提前进行堵截，那么，防守的效果将会大大提升。在进攻的过程中，找到防守队员的缺点与防守漏洞，通过突然加速、左右晃动以及多次变向等方式，摆脱对方的防守，增加射门的机会。

在运动员进行足球运动训练的时候，不论运动员使用什么样的运动技术，在思想上都会受到意识的支配，所以，在进行训练或者是比赛的过程中，将训练的技术与运动员的意识之间做一个有效的结合还是非常有必要的，这对于运动员的技战术能力以及心理素质都会有比较高的要求，对于对方球员的进攻路线与心理也应有良好的预判，有效地将自身的技战术能力与运动意识良好地结合，使两者真正实现共同发展。

能够影响到足球运动员意识的因素是多种多样的，其中运动员的文化素质、理论知识以及运动天赋等条件的影响力是比较大的。意识一般情况下是属于人们自身的思想范畴，人的运动天赋与运动能力都会存在很大的差别，所以，对于足球运动员的意识是不能够一概而论的，足球运动员的运动意识也不能通过简单的训练而获得，一般情况下，足球运动员在训练的过程中需要教师在对学生进行教授的时候，向学生灌输各种足球运动的意识，并且在教学的过程中对于一些有足球运动天赋和特长的学生给予特殊的培养。

5. 技术与意志相结合

足球运动员良好的意志品质也是足球运动取得胜利的重要因素之一，在足球比赛中有举足轻重的作用。

足球运动员的意志品质基本上都是表现在三个方面：用于冒险的精神，勇敢顽强的作风，强大的情绪控制能力。

从古至今，足球运动都是一项充满挑战的运动，之所以会出现这样的状况，基本是由其自身特点来决定的。比赛强度的不断加强对于运动员的一些心理素质和精神品质都提出了比较高的要求，没有强大毅力支撑的情况下，运动员是很难完成一场精彩绝伦的足球比赛的。

二、颠球

颠球技术就是运动员用身体的多个部位连续对球进行控制和接触，并且保证球不落地。根据接触球部位上的差别，我们将颠球技术分为以下几个种类（图 6–1–2）。

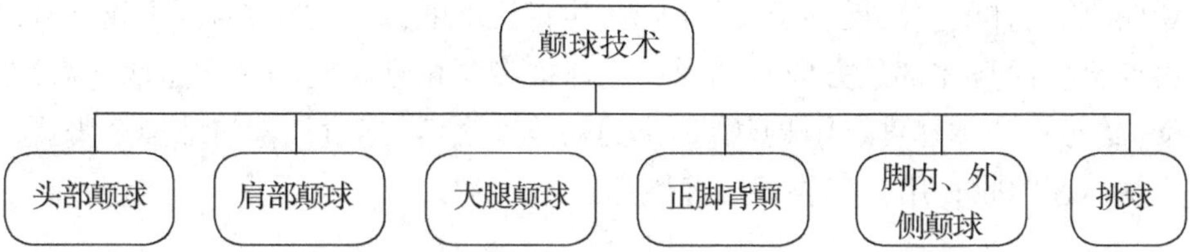

图 6–1–2

（一）脚内、外侧颠球

脚内侧颠球：支撑腿的膝关节要稍微弯曲，身体的重心也要随着支撑脚的独立移至支撑脚上，用脚的内侧向上摆动，击打球的下部，双脚的内侧交替进行击球动作，但是也可以单脚连续击球，类似踢毽子运动。

脚外侧颠球：动作方法与脚内侧颠球相仿，只是改脚内侧为外侧，提脚颠球时，脚由外往上提起。

（二）大腿颠球

当球马上要下落至大腿抬起平行于地面的位置时，需要抬腿屈膝，利用大腿的中前部位向上击打球的下部，双腿交替击球，同时也可以用一只脚进行支撑，另一侧大腿进行连续击球动作。

（三）正脚背颠球

在进行正脚背颠球动作的时候，需要双脚交替向上摆动，用脚背进行正面击球，触球的时候注意踝关节的紧张度，击打球的下部。由于摆腿或者是球受力方向的原因，一旦触球会使球产生一定的内向旋转，在进行颠球运动的时候，不仅可以双脚交替进行颠球，而且还可以单脚支撑，单脚颠球。

（四）头部颠球

两脚开立，约与肩同宽，膝部自然微屈，头部上仰，用前额部位连续顶球的下部。顶球时，用力不要太大，并且注意要适中保持两眼注视球。

（五）肩部颠球

双脚左右开立站位，将身体的重心移动至中间位置，双臂自然下垂或稍屈肘。当球下落到接近颠球一侧的高度时，颠球一侧的肩部向上耸立，击打球的中下部位，迅速将球向上颠起。

（六）挑球

挑球就是将自己的支撑脚踏在球的侧后方 25~30 厘米处，膝关节稍微弯曲，将身体的重心前移至支撑脚上，执行挑球的脚放在球顶部，小腿微弯，将球轻轻向身体部位方向拉动。一旦球被脚掌拉动，则脚掌需迅速向后滚动，给球一个加速度，当球具有一定的初速度之后，通过惯性将球滚至脚背，大腿迅速内收，用脚背将球轻轻挑起。

三、踢球

踢球的方法主要有以下几种。

（一）脚内侧踢球

1. 踢反弹球

在踢反弹球的时候，需要根据球反弹的位置移动到我们最为有利的位置，支撑脚的站位要与球的落点能够相互呼应，踢球腿摆动与踢定位球的时候相互一致，一旦球着地之后，在离开地面的瞬间，用脚的内侧来击打球的中部位置。

2. 踢空中球

根据来球速度和运行轨迹及时移动到位，踢球腿大腿抬起（屈）并外展，小腿屈并绕额状轴后摆，利用小腿绕额状轴由后向前摆动，当摆至额状面时与球接触，击球的中部（图 6–1–3）。

图 6–1–3

3. 踢定位球

在运动员准备踢定位球的时候，需要一定的助跑过程，在助跑的时候，最后一步要比前面几步跨度稍微大一些，支撑脚站在球的侧面，距离一般保持在 15cm 左右，支撑脚的脚尖需要对准出球的方向，支撑腿的膝关节稍微弯曲。当支撑脚着地之后，踢球腿由大腿带动小腿，做摆动动作，在触球的前一刻钟，用脚跟将球送出去，使得球与脚跟内侧所形成的平面与出球的方向形成直角，踢球脚的脚底要与地面相互平行，脚尖稍稍翘起，踝关节发力使脚型能够固定住，在固定好脚型之后才能够保证踢出去的球急速有力，方向上也不会有太大的偏差（图 6–1–4）。

图 6–1–4

（二）脚背踢球

1. 脚背外侧踢球

（1）踢反弹球

脚背外侧踢反弹球的动作与脚背正面踢反弹球的方法基本相同，只是接触球时用脚背外侧部位击球。

（2）踢地滚球

脚背外侧踢地滚球的动作要求和踢定位球相同，但支撑脚站位时应考虑球的滚动速度，以保证在脚触球的瞬间支撑脚与球的相对位置符合规格要求。

（3）踢定位球

脚背外侧踢定位球的动作方法与脚背正面踢定位球相似，不同点在于摆踢时脚面要绷直，脚趾向内扣紧并斜下指，用脚背外侧击球的后中部，击球后，踢球腿顺势前摆着地。

2. 脚背内侧踢球

（1）踢定位球

采用斜线助跑的形式踢定位球的时候，助跑的方向应该与出球的方向呈现出 45° 的夹角，助跑的最后一步跨度要稍大一些，以支撑脚的脚底积极着地，脚尖指向出球的方向，落脚点要在球内侧约 20~25 厘米的距离，随后膝关节稍弯曲。

在支撑脚落地之后，踢球腿马上后摆，以髋关节为轴，由大腿来带动小腿，向前摆动，与此同时，小腿要做一个爆发式的摆动，摆动的同时，脚背尽量保持绷直的状态，脚尖稍向外转，用脚背的内侧来击打球的后中部位，当完成踢球动作之后，踢球腿与身体要随着出球的方向向前探出（图 6–1–5）。

图 6–1–5

（2）踢地滚球

在踢地滚球的时候，首先要判断好来球的方向与速度，找到正确的落点之后，及时移动至落球点，在选择支撑点的时候，要重点考虑到来球的情况与摆腿的速度，全面保证触球的瞬间能够强劲有力，脚和球之间的相对位置能够保持特定的规范。

（3）踢反弹球

在踢反弹球的时候，需要运动员判断好来球的落点，根据其运行的速度与方向做一个良好的预判，在球反弹离地的瞬间进行踢球动作，其他的动作要求与踢定位球一样，踢反弹球主要用于踢侧方或者是侧前方的高位来球。

3. 脚背正面踢球

脚背正面踢球主要包括以下几种。

（1）踢倒勾球

在我们踢倒勾球的时候，需要根据来球的速度和方向进行相应位置的调整，保证自己能够移动到正确的位置，球的落点正好能够与站位相互对应，同时还要保证自己的站位能够在球的后方。在接球的时候，支撑腿稍微弯曲一点儿，上半身保持向后仰的状态，踢球腿以髋关节为轴向前转动，在身体的正前方将球踢出，要踢出球的方位应与身体的朝向相一致，具体方法如图 6–1–6 所示。

图 6–1–6

（2）踢定位球

在踢定位球的时候，我们还可以考虑采用直线助跑的方式，支撑脚需要落在距球大概 10~12 厘米处，脚尖正对出球的方向，膝关节稍微弯曲，踢球腿在跑动过程中要逐渐向后摆动，并且以髋关节为轴，由大腿带动小腿向前摆动。当膝关节摆动到接近球正上方位置的时候，接下来的动作将由小腿来完成，并以脚背的正面部位来击打球的后中部位（图 6–1–7）。

图 6–1–7

（3）踢侧面半高球

在进行踢侧面球训练的时候，球的运行速度与运行方向是我们选择展位的重要参考依据，在选择好击球点的同时，保持身体面向出球方向，顺势将身体的中心移动到支撑腿上，在进行踢球的时候，由大腿带动小腿向前摆动，用脚背的正面来击球，在完成击球动作之后，踢球腿随身体的惯性向前摆动，保持身体的平衡（图 6–1–8）。

图 6-1-8

（4）踢反弹球

和其他技术球一样，要踢出反弹球，就要对来球的速度大小、运行轨迹、落点位置做出准确迅速的预判。其技术要点是，把握好球落地的瞬间刚刚从地面弹起的机会，踢球的脚迅速发力，使用脚背踢中足球的中后部。在踢出球的过程中，注意把小腿向上摆动（图 6-1-9）。

图 6-1-9

（5）脚背正面踢球练习方法

①徒手模仿练习，按照动作要领在慢跑中做正确徒手模仿的踢球姿势，保持动作的稳定和连贯。在完成技术动作的过程中注意大腿带小腿的摆动和小腿的摆速、大腿的前送动作，同时保持支撑腿的弯曲和身体重心的稳定。

②两人一组，一人踩球，一人做脚背正面踢球技术动作，体会脚触球部位、击球部位。

③两人一组踢定位球，俩人相距 10~15 米踢定位球。一人踢球，一人停好，将球再踢回去。

④踢准练习，两人一组相距 10~15 米，中间摆一个 2 米 ~3 米宽门形标志物，两人踢定位球通过门形标志物，反复练习。

⑤两人一组距离由近到远逐渐加大踢球的力量练习。体会远近距离踢球时的不同力量。

⑥踢反弹球练习，两人一组相距 8~10 米自抛自踢，体会支撑脚位置和击球点位置。

⑦两人一组相距 8~10 米，一人抛球，一人踢活动中来球，体会活动中踢反弹球动作要领。

⑧利用球墙练习脚背正面踢球的技术动作。由原地踢球逐步过渡到在活动中踢球，体会活动中球的落点、支撑脚的位置和身体重心的变化。

（三）踢球技术训练

1. 无球模仿训练

在队员们进行无球模仿运动训练的时候，运动员要发挥自己全面的想象力，假设地面上有一个足球，在想象中勾勒出球的形状与位置，然后向前迈步做踢球动作，随着原地踢球动作的逐渐熟悉，可慢慢过渡到慢跑踢球模仿动作。随着时间的推移与练习的熟练度，最后可采用快速组跑的形式进行训练。在进行无球模仿训练的时候，需要特别注意的是，一定要发挥充分的想象力，能够想象到球真正摆放在自己的面前，并且在模仿踢球动作的时候，适当保持脚踝部位的肌肉紧张，使脚型能够固定在一个正确的位置上，这对于今后的实球训练具有非常重要的促进作用，并且对于防止脚踝部位的受伤也有非常重要的意义。

2. 踢固定球训练

一人把球踩在脚下，另一人用脚的不同部位踢球，体会脚的触球部位。

3. 射大球门训练

如图 6-1-10 所示，训练者需要在罚球区位置上，在球门与训练者之间插上两个小旗做标志，训练者首先需要做的就是用脚抽射，使球绕过中间的小旗进行，将球射入门内，但是不规定从标志的左侧或者右侧抽射，踢球的时候对训练者的脚法不做任何规定。随着训练程度的不断加深，足球教练可对训练者制定小旗左侧抽射进门和小旗右侧抽射进门的规定，逐渐提高训练的难度，在一定程度上提高训练者的实战能力。

图 6–1–10

4. 利用足球墙和标杆做踢旋转球的训练

可以将标杆插在踢球者与墙之间，标杆与人、墙之间的距离需要根据练习者自身的实际情况来定，在训练的初期可以适当增加一些距离，随着训练的逐渐加深，则需要慢慢缩短距离。在训练的过程中，训练者可以利用足球墙进行各种训练，尤其是对于初学者来讲，使用足球墙进行训练能够保证在同样的时间之内增加更多的锻炼次数，并且对于集中掌握各种足球运动技术也有很大的促进作用，同时对于提高练习者的球感也有一定的帮助作用。

5. 对墙踢定位球训练

对墙踢定位球就是要求练习者面对着墙，把球放在地面上，然后利用助跑动作，逐渐靠近求，将球踢出（图 6–1–11）。在刚开始进行训练的时候，离墙的距离不要太远，一般保持五米左右的距离就可以了，用力不要太大，争取将球踢出去之后能够用手接住，如此往复练习，当训练熟悉之后可以逐渐增加球与墙之间的距离，然后踢球的力度也逐渐加大。紧盯对墙踢定位球练习的主要目的就是能够使初练者体会到踢球的整个过程，使运动员能够掌握基本的踢球技术。随着练习的不断深入，可以将地滚球逐渐变成半空球，并且能够熟练运用各种踢球的技术。

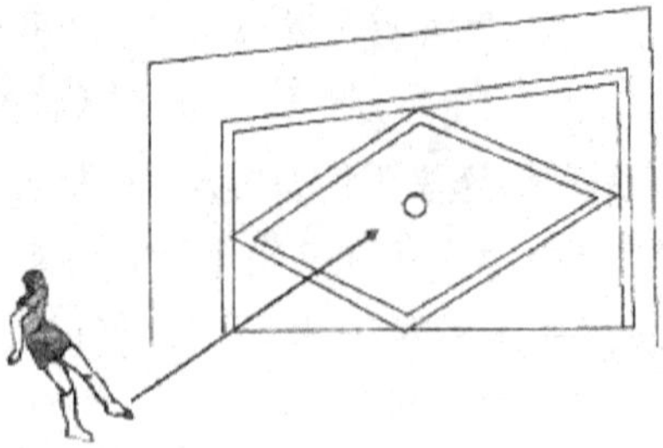

图 6–1–11

6. 踢地滚球训练

通过适当的观察，判断出来球的方向与速度，将自己的协调能力进行调整，进一步根据来球的方向确定好支撑脚位置的变换。在进行地滚球训练的时候，一定要学会尝试接受多个方向的来球，包括正面、侧面，以及侧后方的来球。在日常的训练过程中，还可以适当增加一些训练的条件，比如运动员在接球的时候必须规定好所使用的脚法与站位方式等，同时还可以根据场上来球方向、速度的不同选择恰当的方式接球。

7. 各种脚法的 2 人训练

无论是传球射门训练还是其他形式的射门训练，在进行训练的过程中，队员都可以找一名同伴进行两人训练，当两名运动员进行踢定位球训练的时候，可以穿插适当的接球训练，当在行进中进行踢球运动训练的时候，则可以适当穿插一些定位球的训练。将两种踢球方式进行交替训练不仅能够增加运动员进行训练的乐趣，同时还能达到最好的运动训练效果。

四、传接球

（一）接球技术

1. 脚内侧接球

（1）接地滚球

支撑脚脚尖正对来球，膝关节微屈，同侧肩正对来球。接球腿提膝，大腿外展，脚尖微翘，脚底基本与地面平行，脚内侧正对来球并前迎，当脚内侧和球接触的一刹那迅速后撤，把球接在脚下（图 6–1–12）。

图 6–1–12

（2）接反弹球

在运动员进行接反弹球动作的时候，接球人应该提前对球的落点进行判断，并冲破一切阻拦来到球的落点位置，支撑脚需要在球落点的后面，在接球的瞬间支撑腿屈膝，用胸部、腹部或者大腿、脚背面接球，使球能够平稳落地，当球落地之后，用脚内侧轻推球的中上部，进行下一动作（图6-1-13）。

图 6-1-13

（3）接空中球

在进行接空中球运动训练的时候，我们需要有效地根据来球的速度以及球运行的轨迹进行相应的移动，及时快速地移动至正确的位置。如果来球的位置比较高，则应该适当抬腿向前迎接来球，使脚内侧接触球，缓缓将球引到地面上，在这个过程中注意要保持身体的平衡，将身体的重心放在支撑腿上（图 6-1-14）。

图 6-1-14

2. 脚背外侧接球

脚背外侧接球的特点是动作幅度小、速度快、灵活机动、隐蔽性较强，但动作难度较大，接球时常伴随假动作和转体动作，适用于接地滚球和反弹球。

（1）接地滚球

在观察好周边情况之后，根据来球的方向和速度，判断球的落点，尽早选择支撑脚的位置，并且根据场上比赛的情况，运用一些合适的动作或者是方法技巧进行接球。

在做接球动作的时候，应屈膝，踝关节向内侧翻，用脚背抵挡来球，当球临近的时候，接球脚以脚背的外侧来推拨球的相应部位，最终将球控制在最恰当的位置上，继续进行下一动作。

（2）接反弹球

在接反弹球的时候，我们应当注意判断好来球的落点，进一步抢占最为有利的接球位置，或者是利用假动作来欺骗对手，接球腿的小腿应该与地面形成一定的夹角，以膝关节做适当幅度的扣压动作，以防球的反弹。

（3）脚背外侧接球练习方法

①利用足球墙进行练习，采用足球墙练习脚背外侧接地滚球，个人相距足球墙 5~8 米左右，踢地滚球，球弹回来，用脚背外侧接地滚球，由开始原地接逐渐过渡到迎上去接。

②两人一组对面站立，相距 8~10 米左右，一人踢地滚球，一人用脚背外侧接地滚球；由开始原地接，逐渐过渡到迎上去接，再逐渐过渡到向两侧接球。

③个人将球踢高，然后进行接反弹球的练习，或用手抛起后进行练习也可以。

④两人一组对面站立，相距 8~10 米左右，一人抛地高球，一人用脚背外侧接反弹球练习，由开始原地接逐渐过渡到迎上去接，再逐渐过渡到向两侧接球。

3. 脚背正面接球

在进行脚背正面接球训练的时候，我们需要对球的落点做一个良好的预判，在球下落之前及时赶到球即将下落的地点，使自己保持正确的站位，根据来球的情况，选择接球的部位，通常情况下都是用脚背来接球的，一旦球碰触到脚背的正面，接球腿就要随球下降，这个时候大腿的膝关节、踝关节与脚趾等都需要有一定的紧张度，脚尖稍稍翘起，把球接到最恰当的位置（图 6–1–15）。

图 6–1–15

4. 胸部接球

胸部接球是接高球的一种好方法。胸部接球包括挺胸式和收胸式两种方法。

（1）挺胸式接球

面对来球，两脚左右或前后开立，两膝微屈，重心置于支撑面内，上体后仰，下颌微收，两臂自然张开，维持身体平衡。接触球的瞬间，膝关节伸直，两脚蹬地，胸部轻托球的下部使球微微弹起于胸前上方（图 6–1–16）。

（2）收胸式接球

这种接球方法多用于接齐胸高的平直球。面对来球，两脚左右或前后开立，两臂自然张开，挺胸迎球，触球瞬间收胸、收腹、臀部后移将球接在体前（图 6–1–17）。若需要将球接在体侧时，则触球瞬间转体将球接在体后相应的一侧。

图 6–1–16

图 6–1–17

（3）胸部接球练习方法

①两人一组互抛互接练习，根据来球方向迅速跑动，用正确部位触球。

②互抛平直球进行反复练习，体会收胸收腹时机。

③两人一组相距 15~20 米进行互传互接练习，根据传球不同情况，分

别采用挺胸式或收胸式方法接球。

5. 腿部接球

大腿接球可根据不同来球高度将其分为接下落高空球与接略高于膝的低平球。

（1）接下落高空球

身体正对来球，选好支撑脚位置并稳固支撑，接球腿屈膝上抬，以大腿中前部对准来球。触球瞬间，接球腿积极引撤下放，接球部位的肌肉相应放松，以加强缓冲效果，使球触腿后落于体前（图 6–1–18）。

图 6–1–18

（2）接略高于膝的低平球

面对来球方向，根据来球的高度，接球腿大腿微屈，送髋前迎来球，当球和大腿接触瞬间收撤大腿，使球落在所需要的位置上。

6. 腹部接球

在激烈的比赛中为了抢点控制球，根据比赛的需要也可以使用腹部接球。

（1）腹部接凭空球

当来球比较突然而且和腹部同高时，应先挺腹，在腹和球接触瞬间迅速含胸收腹，将球接下来。

（2）腹部接反弹球

在进行腹部接球的时候，接球者一定要用身体正对来球的方向，并进行适当速度的跑动，根据来球的方向和速度对球的落点有一个明确的认识，清晰的判断。接球的瞬间，身体稍向前倾，腹部对准落地之后反弹起来的球，提前保证腹部肌肉的紧张程度，避免受伤，然后压着球向前移动，同时也可以在来球的一瞬间，将身体向侧面转动，然后改变球运行的方向，将球导向同伴的方向。

（二）传球技术

传球技术是整个足球运动中比较基础的运动技术，传球的重要性是显而易见的，个人的技术再高，如果没有一定的传球水平，很容易就会被对手包夹，造成失误。任何团队的战术执行都需要传球来支撑，基于这一点考虑，每位成员都应该熟练掌握传球技术，传球质量的好坏在一定程度上也决定了进攻的成功率与防守的质量。在足球比赛的过程中，队员之间传球需要注意的问题主要有以下几点。

（1）传球应秉承简捷、快速的宗旨进行。

（2）后场是整个场区中比较危险的地带，进攻队员在后场进行传球的时候要尽量避免横传或者回传球，尤其是在天气条件不佳的时候，更加应该注意，保证传球的成功率。

（3）在进行传球的时候，需要对周边的站位有一个清晰的认识，能够预见防守球员的走位以及同伴的进攻路线，在掌握了一定的传球技术之后，尽量减少盲目地传球，在保证成功率的基础上进行传球。

（4）在进行传球的时候需要时刻注意假动作的运用，掩盖进攻方传球的意图与路线，用假动作迷惑对方，以此来达到躲避对方堵截的目的。

（三）接球技术训练

1. 抛接球训练

在进行抛接球运动训练的时候，需要两人面对面站位，距离大概在 5 米左右，一名队员用手向另一名队员抛球，另一名队员可以用胸部、腹部、大腿和脚进行接球。随着训练时间的不断增加，抛球队员可适当改变抛球的距离以及抛球的力量，更加全面地锻炼接球人的接球能力。

2. 跑动中传接球训练

在进行跑动中传接球运动训练的时候，需要两人一组，共用一球，在特定的空间范围之内进行跑动训练，在接球的时候，运动员要想提高接球技术，一定要尽量多地使用接球的方式与方法，这在一定程度上也要求传球队员抛出各种各样的球，在球速、传求距离、传球方向以及传球力量上都要有所变化。

3. 对抗中的接停球训练

在进行对抗中接停球运动训练的时候，教练员可以将练习者分为 4 人一组，传接球队员之间的距离在 18 米左右（需要根据运动训练的熟悉程度适当增加或减少队员之间的距离）。如图 6–1–19 所示，防守队员△与接球队员④相距 1 米左右，接球队员②先向后撤几步，然后突然启动向前跑动，接住从④队员传过来的球，并且竭尽全力将球控制在自己所能控制的范围之内，并在最快的时间内将球传给无球队员③，最后进攻队员与防守队员之间相互交换角色，进行接停球训练。

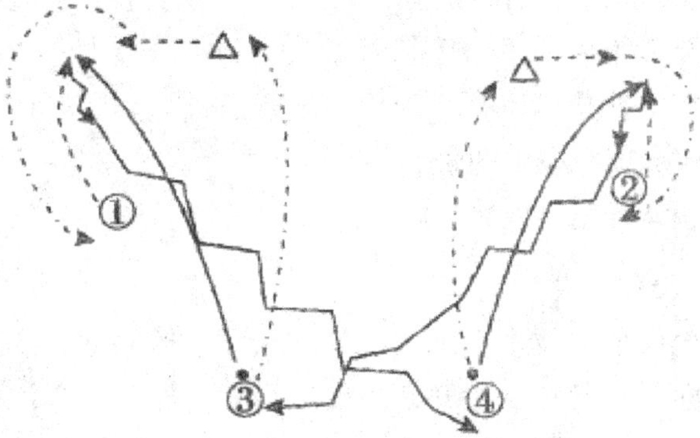

图 6–1–19

4. 接控球训练

如图 6–1–20 所示，在进行接控制球运动训练的时候，需要 4 人一组，呈 4 人一组进行站位，正方形的边长控制在 20 米左右（站位距离可根据运动员的训练水平进行适当改变），4 名队员需要站在正方形 4 条边的中间位置左右，由②号队员开始进行训练，①号队员沿着边线向前切入，②从其身后传斜线地滚球，队员①用同侧脚背外侧接球，向前运球，到边角附近。此时，另一队员④沿边线切入，①斜线传球给④。依次轮转训练，练习一段时间后改变跑动方向。

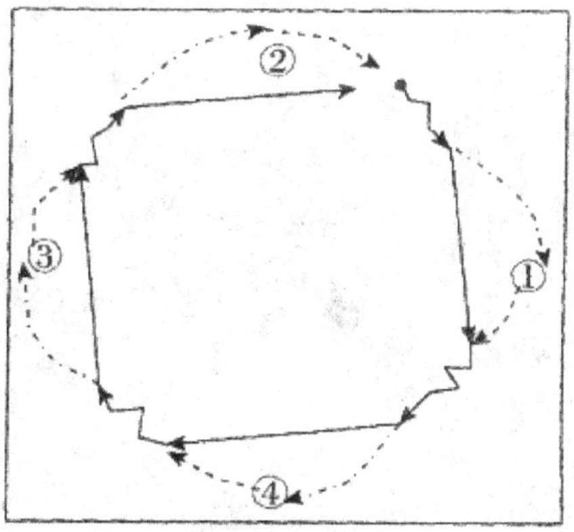

图 6–1–20

五、头顶球

头顶球技术也叫作头球，这项技术就是运动员用自己的头部前额把球击向预定的目标，这一动作的完成我们称之为头顶球技术。尽管头球的力量是非常有限的，但是从另一个角度来讲，头球所借助的力量并不是外力，而是运用了太极的原理，借力打力，运用球自身的力量，在现实的比赛中，停球、传球以及近距离的射门等都可以运用到头球技术。所以，在运动员的训练过程中，头球技术也是一项非常重要的进攻和防守技术之一。下面我们将逐一介绍头顶球技术的种类。

（一）前额侧面头顶球

1. 原地头顶球

在进行原地头顶球技术训练的时候，双脚前后站立，膝盖稍微弯曲，眼观来球的方向，双臂自然张开，当球运行到身体前上方位置的时候，支撑脚用力蹬地，上体随着出球的方向向前移动，同时还要将头面向击球的方向，用力将球甩出，用前额的侧面来击打足球的后中部位。

2. 跑动头顶球

与原地额侧头顶球的技术相同，在进行跑动头顶球运动训练的时候，遵循上述技术训练的要求与原则进行训练即可，但是需要注意的是，跑动侧面头顶球是在跑动中完成的，这是唯一与原地额侧头顶球技术不同的地方。

3. 跳起头顶球

跳起顶球时与额头正面的跳顶有很多的相同之处，但是两者唯一的不同点就是在进行跳起头顶球技术训练的时候，顶球动作需要在起跳上升的阶段来完成，上体向出球的方向转动，用头前额将球顶出（图 6-1-21）。

图 6-1-21

（二）前额正面头顶球

1. 原地头顶球

眼睛盯着来球的方向，身体面向来球的方向，双腿开例，膝关节微弯，积蓄一定的力量在腿上，并且将身体的重心移动到双腿的中间，双臂微弯，当球运行至垂直于地面的垂线时，利用胸部来带动肩部后拉，然后迅速向前摆动身体，与此同时，双脚用力蹬地离开地面，在身体接触球的那一刻，颈部要做爆发式的摆动，稍微低头，用前额正面来击打球的中部，上体随出球的方向进行摆动（图 6–1–22）。

图 6–1–22

2. 原地跳起头顶球

预备做原地跳起头顶球技术动作的时候，首先要使两膝向下弯曲，重心稍微降低，然后两腿发力迅速跳起，头部瞄准来球出击。完成动作过程中，双臂是自然张开的状态，头部击球瞬间，腹部、腰部肌肉同时发力，使身体呈弓形，同时瞄准击球点，颈部发力使额头击中来球。完成动作之后，屈膝落地缓冲（图 6–1–23）。

图 6–1–23

3. 跑动头顶球

跑动头顶球的动作要领与原地头顶球相似，不同点在于跑动头顶球需要在顶球之前正对来球跑位抢点。球顶出后，由于跑动速度较快，为保持身体平衡应该随球向前移 3~4 步。

4. 鱼跃头顶球

鱼跃头顶球是足球技术中难度比较大的技术，一般情况下运动员是用不到鱼跃头顶球技术的，除非是在头球射门的环节，在运动员进行鱼跃头顶球之前，首先要判断好来球的方向与速度，在判断好来球之后，选择一个恰当的顶球点，然后用单脚或者是双脚蹬地，当身体与地面接近水平位置之后向前鱼跃顶球，眼观来球的方向，利用身体向前冲击的惯性击球。完成鱼跃头顶球之后双手着地，身体逐渐贴近地面（图 6–1–24）。

图 6–1–24

（三）头顶球技术训练

1. 个人头顶球训练

在进行头顶球技术训练的时候可以采用以下几种训练方式。

（1）利用足球墙进行训练，将球跑向足球墙，用头接球，并将球顶回墙上，利用墙自身的反弹力，持续进行顶球训练。

（2）用双手持球，将球高高抛起，用自己的前额顶球，双眼注视球的行进方向，增加头顶球运动训练的专注度。

（3）利用吊球进行头顶球训练，适时改变吊球架上足球的高度，进行各种球速的头顶球训练。

2. 两人头顶球训练

在进行两人头顶球运动训练的时候，可两人一组，并配备一个球，两人面对面站位，站位相距大概 5 米左右的距离，随着训练程度的逐渐加深，可适当加大站位的距离，由一人抛球，另一人用头将球顶回。还可以采用头顶球射门的训练方式进行头顶球训练，由一名队员将球抛向空中，另一名球员从适当距离处跑来，在罚球区之内将球顶至球门内。

3. 多人头顶球训练

在进行多人头顶球运动训练的时候，我们可以采用多种方式进行，我们现列举运动训练效果较好的几种方式（图 6-1-25）。

多人头顶球训练方式

- 两人或两人以上在一起进行抛球—头顶球练习，这样可以培养对运行中球的速度、轨迹的判断能力。
- 顶球射门练习。顶球队员站在罚球弧附近，掷球队员站在球门内或球门侧面，将球抛至罚球点附近，顶球队员跑上顶球射门。
- 两人一球，相距 20 米左右，甲传高球飞向乙，乙再顶回给甲。数次后轮换传、顶球。
- 向后蹭顶球。三人一组排成一条直线，各相距 10 米左右，甲抛球给乙，乙蹭顶给丙，丙接球后再给乙，乙又蹭给甲，如此循环往复。
- 争顶球练习。三人一组，一人传球，另两人与传球人相距 20 米以外。传球队员传出高球，两人争顶（一人防守，一人进攻）。这种对抗性的练习，更接近比赛实际情况。可将上述练习移至门前，一人在侧面传高球（或踢角球），另两人在罚球点附近，其中一人向外顶球，另一人向球门里顶球。
- 鱼跃头顶球练习（在垫上或沙坑里练习）。先进行鱼跃落地动作练习。较好掌握落地动作后，一人抛球，一人在垫上进行鱼跃头顶球练习。最后从原地过渡到跑动中鱼跃顶球练习。

图 6-1-25

六、运球技术

运动员在跑动的过程中，由一只脚连续带动球或者是两只脚交替带动球，控制球在一定的范围之内活动，这种运球技术是足球运动中比较基础的动作，运动员可以利用运球动作实现进攻节奏上的快慢变化，我们也可以根据运球部位的不同，将运球技术分为以下三种。

（一）脚内侧运球

脚内侧运球是运动员要掌握的基本的技术动作。此动作的技术要领是，一脚支撑身体，另外一脚内侧带球前进，支撑的脚保持在球的侧前方，同时身体也侧向面对运球的方向前进。支撑身体的脚始终保持微微弯曲的状态，球要掌控在另一只脚的内侧范围内（图 6–1–26）。

图 6–1–26

（二）脚背运球

1. 脚背内侧运球

脚背内侧运球要求上半身稍微前倾，全身保持放松状态，移动步幅要小一些。其技术要领是，踵部提起，脚尖朝外，脚跟朝内，膝关节向外有一个角度，用脚背的内侧部分将球朝运动方向推进。

2. 脚背正面运球

脚背正面运球的技术比较简单而直接。通常身体自然朝向运动方向前进，同时用脚背正面推球前进即可。但是要注意，移动步幅不要太大，步幅太大往往让球超出控制范围，造成失球。用脚背正面推球时要让脚尖朝下。

3. 脚背外侧运球

运用脚背外侧运球时，要求上半身朝前微倾，直接朝预定方向跑动，同时带球的腿提起，用脚外侧推球，推球幅度要合适，不要让球超出掌控。注意脚尖朝内，脚跟稍微朝外，脚步外侧朝向移动方向（图 6–1–27）。

图 6–1–27

（三）运球过人

运球过人就有一定的难度了，在足球运动防守强度日益增强的情况下，如果进攻球员没有过硬的运球过人技术，要想突破防守是非常困难的，但是在足球运动比赛中，运球过人是比较常用的进攻方式。当进攻球员过人成功之后，对方的防守就会形同虚设，其他进攻队员也得到了更大进攻空间，为射门得分取得了更加有利的条件，运球过人的方式有很多种，下面我们选取两种比较有代表性的过人方式进行介绍。

1. 拉球过人

在进行拉球过人训练的时候，我们需要将前脚掌放在球的上方位置或者是侧上方位置，另一只脚作为支撑脚，放在球上面的脚用力将球向后拉，使得防守队员进行防守的时候向前扑空，当防守队员向前扑抢球的时候，肯定会造成身体重心的迁移，在这个时候，正是拉球过人的最好时机，进攻队员可趁此机会带球向前移动，摆脱防守人的防守（图 6–1–28）。

图 6–1–28

2. 拨球过人

拨球利用脚踝关节向侧的转动，来达到脚背内侧或脚背外侧触球，将球拨向身体的侧前方、侧方、侧后方。在过人时若使用拨球，还要在拨球后立即跟上推球，使球按预定方向运行(图 6–1–29)。

图 6–1–29

（四）运球技术训练

1. 跑动中运球训练

在分两组进行运动训练的时候，两队的队员应间隔一定的距离进行站位，每人分得一球，一队队员的第一名运动员需要沿着直线向另一名队员带球跑动，当到达场地对面的边线时，另一队队员则开始向反方向运球。为了能够进一步增加运动训练的难度，教练员可适当要求一些能力较强的运动员进行左右脚交替运球，或者是要求运动员提高运球的速度，延长运球的距离等，在提高运动技术的同时，增加运动员的体能训练，一举两得。

2. 拉球训练

在教练员制定的运动范围内进行自由运球，听到教练员的哨声响后，用一只脚作为支撑脚，另一只脚的前脚掌触球的顶部，逐渐向后拉球，在拉球的运动进程中前脚掌围绕球做圆周运动。

3. 拨球训练

在特定的区域范围内进行自由运球活动，当听到教练员的哨声响起之后，用一只脚做支撑脚，另一只脚的脚背围绕球做圆周运动，在训练的过程中可分组进行，让运动员进行拨球比赛，在双脚交替进行的情况下，选出成绩比较优秀的运动员，为其他球员进行示范，增加运动员的学习积极性。

4. 快速转身运球训练

在进行快速转身运球训练的时候，需要分两组队员进行训练，两队的队员之间要保持一定的距离进行站位，一字排开，在各队的队员前面 13 米处左右放置一根旗杆，两队中最前面的队员带球向旗杆跑去，在带球跑动的过程中不要将球带丢，到达旗杆之后，迅速运球转身，然后径直跑向自己的队伍，将球传给本队的第二名队员，第二名队员在接到传球之后，重复第一名队员的动作，依次进行到最后一名队员（图 6-1-30）。

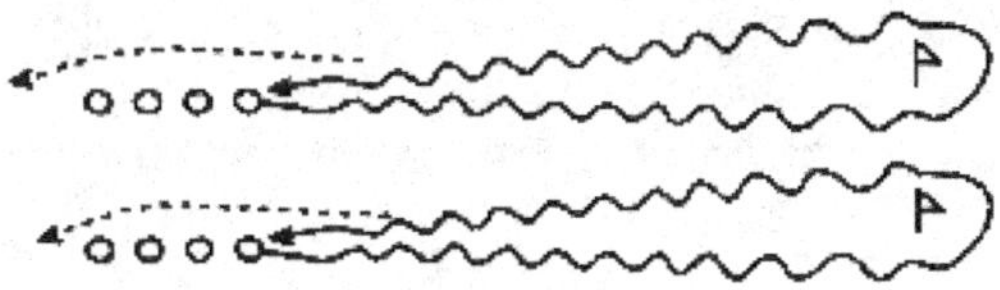

图 6-1-30

5. 扣拨组合训练

在进行扣拨组合训练的时候，教练员应将球分发到每位运动员手中，让运动员沿着折线的路线进行运球，在运球的过程中不断变换运球的方式，可以用脚内侧运球，可以用脚外侧运球，也可以用脚背运球，将多种运球方式进行组合训练的优点就是能够最大限度地模仿真正比赛时候的状态与带球方式，增加运动员比赛时的熟练程度。

6. 运球变向训练

在进行变向运球训练的过程中，教练员需要用一个类似圆锥的标志物将特定区域规划出一个 25 米左右的正方形场地，并且将运动员分成 4 组进行训练，4 组的队员分别站位在正方形的四个角，在正方形的中心放置两个足球，一名队员向球跑去，将其中的一个足球用脚带走，将球传至对角线的第一名队员，完成传球之后跑到该组的队尾。另外两组队员同样使用这种方式进行训练（图 6-1-31）。

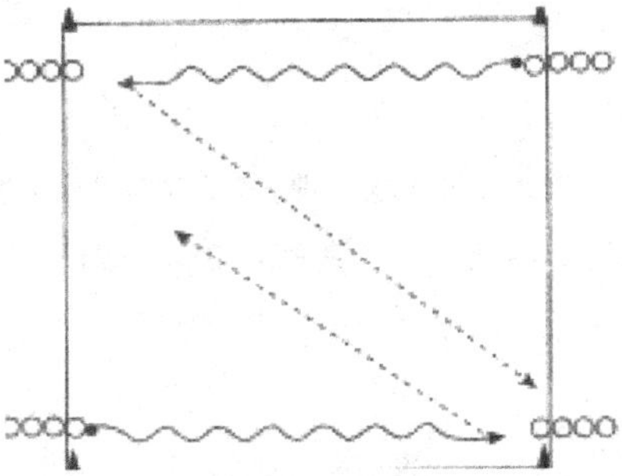

图 6-1-31

7. 运球过人训练

如图 6-1-32 所示，将特定的某个可用来训练的区域划分成 30 米 ×20 米的矩形场地，同时将运动员分成人数相等的两队，分别站在两条相对应的边线外面。教练员将球分给其中一名队员，该名队员运球扮演进攻一方，与之相对应的球员扮演防守一方，进攻队员需要带球突破对方的防线，防守一方需要运用阻拦技术将球截下，一旦拦截成功或者是进攻突破成功，则双方互换角色，继续进行下一组游戏，一直到两组队员都有扮演进攻或防守的机会，则游戏结束，获胜次数较多的一组为获胜组。

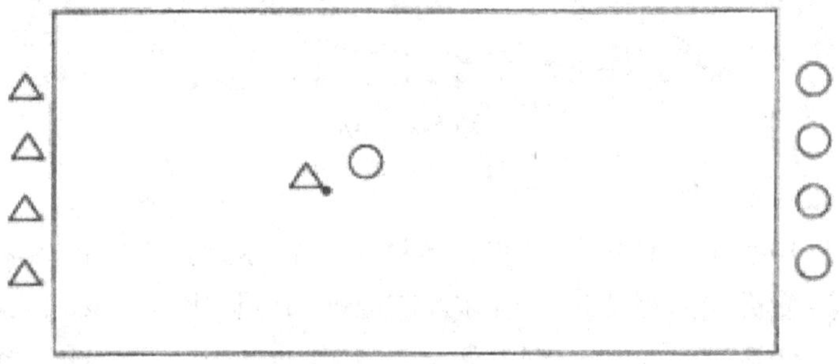

图 6-1-32

七、掷界外球技术

掷界外球就是运动员通过双手将球抛入场内，恢复比赛的动作。在球员执行掷界外球动作的时候，必须面向球场站立，双脚的站位应在球场之外，双手抱球后引，同时发力，将球抛至场内，同时我们也可以人为地根据抛球动作的不同，将掷界外球分为助跑掷界外球和原地掷界外球两种。

（一）原地掷界外球

在原地掷界外球的时候，首先要面对出球的方向，双脚错开，脚掌最前端不要踏入场内。在掷球的时候，膝关节弯曲，双手持球，向后引球，收腹屈体，双臂急速向前摆动。在掷球的时候双脚一定要同时在地面上，不得离地（图 6-1-33）。

图 6-1-33

（二）助跑掷界外球

在进行助跑的时候，双手紧握球，防止球在跑动的过程中滑落，在跑动中的最后一步，同时将上半身后仰，将球向后牵引，双脚前后站位开立，用力将后牵引的球向前抛出，此时的动作与原地掷界外球相同。

在助跑掷界外球的时候，掷球队员可以在恰当的时机直接将球抛给准备射门的球员，该球员在接到来球之后可以直接完成射门动作。这种直接将球传给射门队员的技术具有非常高的突然性与直接性，不仅能够给对方防守队员很大的防守压力，同时还能够增加直接得分的概率。但是这种掷球方式的缺点就是抛球队员与接球队员之间要能够有一个良好的配合，对于抛球的时间、速度、距离等都能够有清晰的判断。

八、抢断球技术

抢断球技术就是运动员在规则允许的范围之内，利用一切可以阻碍对方进攻的技术（身体阻挡、抢截球技术等），将球权夺回自己手中的过程。

（一）异侧脚铲球

在跑动的过程中，由于双方都想获得球权，那么两人都会尽力将球往前提，这时，双方都会失去对球的绝对控制权，防守人在这个时候就应该根据与球之间的距离，同侧脚用力蹬出，异侧脚向前沿着地面滑行，用脚底将球铲出。在进行异侧脚铲球的时候，需要时刻注意保护自己的身体，因为进攻队员在初始速度比较大的情况下，防守队员突然进行异侧脚铲球，很可能会造成进攻队员躲闪不及，造成防守队员身体的损伤。当防守队员完成异侧脚铲球动作之后，立即用手撑地起身，起身之后恢复到下一动作需要的身体形态和位置（图 6–1–34）。

图 6–1–34

（二）合理冲撞抢球

在真正比赛的过程中，一些合理的冲撞现象是很常见的，前提是合理的冲撞，这与犯规动作下的恶意冲撞是完全不同的，合理的冲撞球就是在运动员抢球的过程中，在规则允许的条件下，双方运动员可以利用肩部或者肩部以下腰部以上的位置，来冲撞对方的同等部位，最终达到获得球权的目的，这种抢球的方式我们称之为合理冲撞抢球。

合理冲撞抢球的具体技术动作为，防守者首先要将重心下移，使靠近对手的一侧手臂紧贴身体，在对方同侧脚离地的过程中，用肘关节以上的部位适当撞击对手的肩部，使之失去身体的平衡，趁此机会将球控制住 (图 6–1–35)。

图 6–1–35

（三）同侧脚铲球

防守人在不断跑动的过程中，对于进攻队员的距离应该有一个相对明确的判断，审时度势，在对手不能马上触球的情况下，防守人可以采用同侧脚铲球的方式进行拦截，这一技术动作需要防守人沿着地面向前滑出，在滑出的同时，将脚向外摆动，用脚背将球踢出。在球离身体比较远的情况下，运动员也可以用脚尖将球捅出去，紧接着向对手一侧进行翻转，以此来保证身体的协调性。在倒地的时候，双手需要迅速撑地，然后逐渐恢复至下一个动作所需要的位置。

（四）正面上步抢断球

抢球者两脚前后开立，面向对方站立，两膝微屈，身体重心下降并置于两脚之间。当运球者和抢球者间的距离缩小到一定范围内（以伸腿可以触碰到球的距离为准）时，运球者脚触球后即将落地或刚刚落地时，抢球者后脚蹬地并跨步向前，以脚内侧去堵截球。堵住球时，另一只脚应迅速上步（图 6–1–36）。

图 6–1–36

（五）抢断球技术训练

1. 原地抢球训练

在进行原地抢球运动训练的时候，首先教练员要将球放在甲队员的脚前，乙队员站在与甲队员相距 5 米左右的距离，甲向前运球。乙则运用抢断球技术，阻碍甲向前带球，该训练不仅能够让甲体会到带球进攻的感受，同时也能够让乙体会到防守的感觉，甲乙双方球员可交替进行。

2. 运动抢球训练

在进行运动抢球训练的时候，需要两名队员，训练者相对站立，由一人运球向另一人跑去，另一人则需要选择一个恰当的时机或者距离进行抢球。当两人都有触球的机会时，抢球队员则需要进行提拉球，将球拉过带球人的脚面，将球控制住。经过长时间的训练之后，两人可交替变换角色进行训练，全面提高运动员的抢球水平。

3. 侧后追赶抢球训练

练习者一人直线带球向前跑动，另一名队员由后向前追赶，并在一些恰当的时机进行一些合理的冲撞，冲撞要在足球运动规则允许的范围之内进行抢球，最终达到抢球的目的。在进行侧后追赶抢球运动训练的时候，带球人要适当给抢球人一定的配合，循序渐进地增加训练的难度，让抢球者能够在每一次训练中都能够得到水平的提高，训练的速度也应该循序渐进地进行，由慢速逐渐过渡到快速训练。

4. 慢跑合理冲撞训练

2 人同方向慢跑，在跑的过程中 2 人可做适当的合理冲撞，体会冲撞的时机和冲撞的部位以及冲撞时如何用力等。

5. 铲球训练

每个人分配一个球，然后将球放在运动员的面前，练习者选择一个适合自己的位置进行原地铲球训练。经过一定时间的训练之后，运动员对原地铲球技术的掌握已经非常熟悉了，随后运动员可沿地面慢慢将球抛出，然后练习者在跑动过程中将球铲掉，以此来体会行进中铲球动作的要领，在运动员熟悉了铲球动作之后，可继续使用这种方法对球进行相应的控制和传球。

6. 争抢球训练

当运动员听到哨声响起之后，应马上向足球跑去，以最快的速度到达足球前面，同时在跑动的过程中，两名队员还可以适当进行一些冲撞，阻挠对方进行球权的控制，尽自己最大的努力，在规则允许的范围之内，将球控制在自己的脚下。经过一段时间的训练之后，运动员对这种训练方式就会有所接受，这时，我们就可以将静止的球换做运动中的球，教练员将球向前踢出，两名队员向前追赶球，在跑动的过程中同样可以采取一些在规则范围之内被允许的合理冲撞手段进行干扰，力争将球的控制权夺回自己的手中。

第二节　高校足球运动战术研究

在足球运动中，战术的重要性是大家有目共睹的，战术的成功与否对于足球比赛的胜负具有决定性的作用。所以，在高校进行足球运动训练的过程中，我们一定要加强学生对于足球战术的理解和训练，使学生的足球水平能够得到进一步提高。

一、足球运动战术的基本理论

（一）足球战术的概念

所谓的足球战术就是运动员运用自身的判断或者是临场的局面变化，然后运用自身足球技术的特长，通过队员之间的相互配合，最终达到取得比赛胜利的目的。从足球战术的定义中我们不难发现，要想取得比赛的胜利，对于场上比赛情况的把握是非常重要的，从另一个层面来讲也就是足球运动员对于战术掌握的灵活性决定了比赛的胜负，较高程度的灵活性更加主要的是体现在足球教练员的战术指导能力以及足球运动员自身的身体素质、执行战术的能力。

足球战术意识从另一个角度来讲也被称为战术素养，战术素养就是在整个比赛的进程中，能够根据对手的能力以及场上比赛形势的变化，制定出随机应变的措施，供运动员执行，并且需要根据不同的情况来制定或执行最佳的行动方案，找到最为恰当的与同伴配合的方式。

（二）足球战术的分类

进攻与防守之间的矛盾性在足球比赛中是一直存在的，也就是说在进行足球比赛的过程中，足球运动员不是进行防守战术就是在进行进攻战术。因此，我们就可以将足球的战术分为进攻战术和防守战术两大类。在进攻战术中还包含个人进攻战术以及整体进攻战术，防守战术也可以分为个人防守战术以及整体防守战术两种形式。

（三）足球战术指导思想

能够决定足球比赛胜负的因素是多种多样的，足球技战术水平以及运动员的执行能力对于足球比赛成绩的胜负影响是大家公认的，但是除了这两点之外，足球运动员的身体素质以及临场应变等能力也是非常重要的，足球运动员的身体素质好坏，在一定程度上决定了足球运动员技术水平的高低，技术水平的高低同时也决定了比赛的胜负，所以，对于足球运动员身体素质的培养也是十分有必要的。

随着社会的不断进步与发展，加之足球运动员的训练水平不断提高，单就身体素质而言，运动员与运动员之间的差距已经被逐渐缩小了，单靠身体素质就能够称霸足坛的时代已经过去了，所以，在身体素质影响因素不大的情况下，足球战术运用的得当与否，将会直接决定比赛的胜负。

战术的指导思想就是在进行教学实践的过程中所应遵循的基本原则，这也就说明了足球运动动员的战术指导思想在教学工作当中是一项非常重要的工作。正确的战术指导思想在一定程度上是从教学经验中不断总结出来的。

随着竞技体育的不断发展，足球也得到了进一步的长足发展，足球运动在世界范围内都有非常多的受众群体，中国作为世界第一人口大国，如果在足球水平方面落后于其他国家，肯定会有失大国风范。要想真正取得足球比赛的胜利，勇猛顽强、能攻善守、机动灵活的战术是取胜的关键，在我国高校足球运动课程教授的时候，教师要更加注意增加学生对于战术层面的培养，只有这样才能够全面增加学生战术的水平。

近年来足球战术取得了长足的进步，在世界大赛中我们都能够看到一些比较新颖的打法和战术，这是世界顶级足球团队根据自己的经验以及对于世界足球特点总结所得出的战术精华，但是无论战术经过什么样的变化与变迁，在执行的时候一定要在特定的思想框架之内进行，具体的战术思想指导如下所示。

1. 勇猛顽强的指导思想

众所周知，足球运动的特点是对抗性强，竞争激烈，足球运动员勇猛顽强的作战风格对于足球比赛的胜利具有决定性的作用。在足球战术的运用过程中，足球运动员的战术、技术、身体素质、心理意志等都对足球比赛的胜利具有非常重要的作用，但是在众多取胜因素当中，勇猛顽强的作风却是最为关键的取胜因素。所以，在教师对足球运动员进行培养与训练的时候，心理的训练也是十分重要的，对于运动员作风的培养应该占到整个运动训练的大部分。

所谓的勇猛顽强的作风就是在任何条件下足球运动员都能够做到临危不惧，保持平和心态，在比赛的过程中都能够斗志昂扬，保证参与比赛过程中精神面貌的积极性，这种勇敢顽强的作战风格是每位足球运动员都应该学习的。

现代足球快速发展要求运动员能够在比赛过程中做到攻防兼备，并且这种攻守体质已经与优秀的足球运动员融为一体，在进攻的时候要迅速、准确，在防守的时候要围追堵截。在由攻转守的时候，也要就地返抢，这种战术已然成为现代化足球运动的新趋势。

2. 机动灵活的指导思想

机动灵活的战术指导思想就是在任何情况下足球运动员都要学会扬长避短，随机应变，想尽一切办法，在规则允许的范围内，取得比赛的胜利，机动灵活的指导思想需要遵循以下两个原则：

（1）重视对运动员心理的培养

足球运动员的心理因素对于比赛的影响是非常大的，这就要求教练员在对运动员进行训练的过程中注重对心理的培养。运动员在训练的日常中可以进行一些相对复杂的训练环境，教练需要人为地对训练进行干预，以此来锻炼足球运动员的心理素质，核心球员需要具备的基本条件是顽强的斗志、绝对的领导能力、娴熟的技巧、灵活战术的掌握等。

（2）认清自己，了解对手

古代就有“知己知彼，方能百战不殆”这一说法，对于足球运动来讲就是足球运动员在进行比赛的过程中，运动员需要对自己有一个清醒的认识，同时对于对手也要有一个深入的了解，只有了解到自身的长处与对手的短处之后，才能够在比赛中找到进攻与防守的要点，这也是足球比赛能够取胜的重要依据。

3. 快速准确的指导思想

进行足球比赛的最终目的就是要比对手进更多的球，要想取得比赛的胜利确实是一场鏖战，现在足球的防守战术愈发严谨，防守队员的身体素质与防守动作也愈发强悍。足球运动员在进攻的时候，要想轻而易举地获得机会，也并非易事，为了能够在种种不利因素下完成射门的任务，进攻一方就要采取快速进攻的战略。我们所讲到的快速进攻中的“快”包含了很多含义，这种快就是反应的速度、动作的频率、配合的速度等。在比赛过程中只要比对手快一点，甚至是零点几秒钟，就可能会获得射门的机会。

要想在比赛中实现“准确”的目的，首先需要保证神经的高度灵活性以及身体素质的不断提高，运动员只有经常接受高水平的足球运动指导才能够在一定程度上取得比较力量的比赛成绩。

“快速”和“准确”两个因素是密不可分的关系，也是两个重要的取胜因素，只有将两者全面结合才能够真正发挥出快速和准确这两个因素的重要作用，只是快而不准确是不能发挥技术和战术的作用的，而只是准确而不快，则会在很大程度上贻误战机，给对手留下进攻与防守的漏洞，所以，既快又准才是战术指导的基本原则。

二、足球比赛常用阵型

比赛阵型就是本方的教练根据双方队员比赛的特点，科学地制定出能够取胜的整体方案，方案包括运动员的位置变换、战术执行以及身体素质的加强等。

在原始的足球比赛过程中是没有阵型存在的，每位运动员也都会出现在自己应在的位置上，但是某些运动员总归是没有接受过良好的、系统足球运动教育，所以可能会出现站位重复的现象，后来经过人们长期的实践经验表明，人们逐渐发现了一种更加合理与科学的站位方式，也就是说整场都需要专门负责进攻的球员，另一部分球员专门进行防守动作。

在今后的比赛过程中也就逐渐出现了“阵型”的概念，随着足球运动的不断进步与发展，阵型也发生着重大变化，往往一个球队的阵型能够取得大多数的胜利时，其他球队会纷纷效仿，现在世界范围内比较常用的几种阵型有“四二三一”阵型、“四四二”阵型、“三五二”阵型与“四三三”阵型（图 6-2-1）。

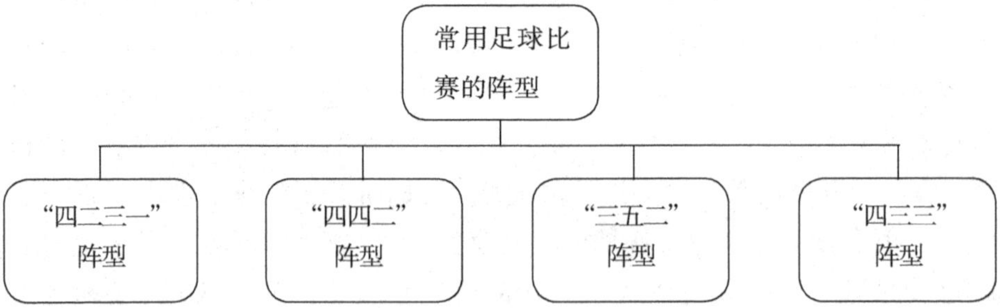

图 6-2-1

（一）“四二三一”阵型

“四二三一”阵型[①] 已经成为现今国际足坛的主流阵型。在这一阵型

① “四二三一”阵型实际上是由传统的“四五一”分化而来。边后卫与中卫的职责和打法一般采用区域与盯人相结合的混合防守体系。双中卫主防对手两名中锋。中锋拉边或回撤分别由边后卫和前卫一起看守，两名边后卫固守边路。

中各位置球员的只要职责如下。

1. 前卫队员的职责

两名边前卫主要是在两侧的边路进行活动，但是到了防守阶段的时候，我们应该及时的从中场进行撤离，以此来防守与对对方的边路进攻，最终形成“四五一”阵型。由防守转向进攻的时候，则需要积极向中场压上，以此来保障中场进攻的主动性以及自身的优势。

前腰队员在比赛进攻中是另一把利器，前腰队员主要负责的是中前场进攻的组织与发动工作，与同一侧的前卫和前锋组成有球区域的进攻方略，尤其是从后面突然插上来突破中路的防线，创造出更加合适的射门机会，最后两名后腰队员执行的则是防守的职责，在进攻方，其中一名后腰可前叉参与进攻的组织与执行工作。

2. 后卫队员的职责

后卫的职责与“四四二”阵型基本上是一样的，但是“四二三一”阵型中对于边后卫的技术要求会更加的全面，后卫球员在比赛的过程中需要整场来回跑动，所以出色的身体素质是做一名优秀后卫最基本的保障。

3. 前锋队员的职责

前锋位置的相关职责、排列形式以及主要打法重点体现在以下几个方面。首先就是要制造出传球的空当，对于门前30米区域内反复进行拉插动，进而在有球的情况下相关运动员进行插上，保持两人的联系，一旦球员得到球权之后，可以适当进行一些二过一的配合，或者是在运球过人的情况下，进行一些强制性的突破，保证射门的机会。在与中路场上的射门我们应该竭尽全力地创造出一个更加有力的进攻机会。

（二）“四四二”阵型

“四四二”阵型起源于20世纪90年代，这种阵型延续至今，仍然是世界上很多顶尖球队所采用的战术形式。这种阵型之所以能够得以流行，其自身的优点是不容忽视的，比如中后场的防守强度变得更强。后来，经过人们的逐渐改进，这种阵型也逐渐衍生出更多的阵型，在各种阵型逐渐改变的过程中，变化最大的是中场四人的站位方式。每种阵型的变化目的就是能够最大限度去扬长避短（图6-2-2）。

- "四四二"阵型
  - 前卫队员的职责：拖后前卫（后腰）对口盯防对方的突前前卫。由守转攻时，应负责本方中后场进攻的组织，掌握比赛节奏和进攻方向。突前前卫（前腰）是中前场的自由人，侧重于进攻，他们在进攻中主要起穿针引线和承上启下的作用，如接应中、后场传球，为前锋输送炮弹，并积极地通过与前锋的相互配合或向中路插上突破对方防线，创造射门的机会。
  - 前锋队员的职责：在"四四二"阵型中的两名前锋队员的位置可以较为灵活的安排，如一前一后、一左一右或一中一边。前锋主要活动的区域在对方中卫和边后卫之间。在进攻时，在同伴的支援下，通过两人之间的一拉一插、一传一切和前后、左右交叉换位与传球配合，从中路突破防线，创造射门得分的机会。在两侧边路的进攻中，应向同侧有球区域移动，随时与其他同伴组成有球区域的局部进攻，突破对方边路防线。
  - 后卫队员的职责：边后卫与中卫的职责和打法一般采用区域与盯人相结合的混合防守体系。双中卫主防对手中锋，中锋拉边或回撤分别由边后卫和前卫看守，此时中后卫不做大范围的区域位移。边后卫可以根据需要适时插上助攻，或者来到中场边路位置参与组织进攻，这是现代足球比赛边后卫主要的进攻的一种打法。

图 6-2-2

（三）"三五二"阵型

"三五二"阵型有很多特点，其中前场人数较多是最为突出的特点，同时也是"三五二"阵型区别于其他阵型的最为明显的特点之一，严格来讲，"三五二"阵型是一种控制型的阵型，在比赛的过程中有利于赢得中场攻防的主动性，攻防转换在速度上占有很大优势，能够最大限度地保持攻防两端的动态平衡，这种阵型的成功实施需要三名能力相当的后卫队员，或者是在由攻转守的时候能够快速回到协防位置的队员，每个队员都需要在自己位置上履行好进攻或者是防守的职责，队员位置的职责如下（图 6-2-3）。

“三五二”阵型		
	前卫队员的职责	前面两名突前前卫是进攻潜在的突击手，主要负责中前场进攻的发动与组织；与同侧的边前卫和前锋组成有球区域的基本进攻组合，通过传球配合和交叉跑动突破边路防线；与两个前锋和另一个突前前卫组成中路有球区域的基本进攻组合，通过 3 ~ 4 人之间的传切配合，尤其是从后面突然插上突破中路防线，创造射门得分的有利机会，一名拖后前卫是中场的自由人，作为防守前沿的屏障。
	前锋队员的职责	两名前锋创造与利用进攻的时间和空间十分困难。所以，前锋应追求在局部地区以少攻多的最佳进攻效果。具体方法如在对方门前 30 米要害区域的前后反复拉插、左右扯动，制造中路的传球空当，在有球区域要随时保持两人的紧密联系，得球后两人相互间进行快速的各种二过一配合，或运球过人强行突破，可以及时把握射门的战机。
	后卫队员的职责	三名后卫的职责范围非常大。左右两名中卫要主盯对方的两名攻击手，其防守面覆盖整个罚球区前沿区域，并兼顾边路的防守，保护自由中卫出击留下的空当，但又不能受到牵引而脱离自己的主要防区。居后的自由中卫主要起“清道夫”作用，其防守控制面是整个罚球区。由于三名后卫的防守区域较大，这就特别要求后卫跑动积极、判断准确、选位合理、补位及时、相互保护有力、出球能够果断。

图 6-2-3

（四）“四三三”阵型

“四三三”阵型最早是由荷兰队开始运用的，这种方式的娴熟运用不仅给当时的足球运动带来了很多改变，而且“四三三”阵型的运用也得到了很多球迷的追捧。这种阵型的最大优势就是可观赏性比较高，全员都能够积极参与到攻防两端的各种配合当中去，能够切实体现出团队作战的效果，积极发挥出团队在作战中的优势，由于这种阵型是全员都能够参与的阵型，机体联动使得球队的攻防机动性很大。

1. 前卫队员的攻守打法

“四三三”阵型中的一名前卫在进攻中要稍落后于另外两名前卫，这样三名前卫在进攻中就会形成一个三角进攻的队形。位置稍靠后的前卫队员防守重点是为中路进攻，并且根据球的移动方向进行位置上的变更，弥补前面两位进攻前卫中间的空隙。

在进攻一端后，场区的前卫队员一定要向着球移动的方向进行移动，以此来接应和支援同伴积极参与进攻，边卫队员盯住与自己站位对应的前卫，阻击对方在中场的进攻，最大限度地协助边路的防守。

在进攻的时候，要尽可能地发动中场进攻，这样不仅能够接应好本队的前锋队员，而且还能够很好地获得与同伴之间进行配合的机会，最后打破防线，获得射门机会。另外两名前卫队员在防守端也要相互进行配合，切断对方的传球，在进攻一端选择恰当的时机和位置进行助攻。

2. 前锋队员的攻守打法

两名边锋主要活跃在球场两边的区域，他们最主要的责任就在于通过快速突破或者与队员完成配合之后进行快速突破。边锋的球员需要具备较强的跑动能力，并且还要适当地增加一些其他动作，以此来吸引对手的注意力。当中路进攻的时候，应该和中锋进行相应地配合，并且及时包抄侧翼，抢点射门。

3. 后卫队员的攻守打法

两名后卫在守住对方边路进攻的同时，还需要兼顾中路的防守，进而调整好和中卫之间的站位问题，保持高度的注意力，随时找到补位的机会。在防守逐渐转为进攻阵型的时候，根据战术的需要及时进行位置上的变动，两名中卫可由一人承担后腰位置的职责，进行进攻组织的工作。

三、个人战术

（一）个人进攻战术

1. 传球

传球在足球运动中的重要性是大家有目共睹的，能够完成战术执行的最基本要求就是传球的质量，如果我们要想传出一些质量比较高的球，球员不仅要掌握正确的传球技术，并且对于传球时机、传球目标以及传球空间的要求也会有比较高的要求。

（1）传球目标的选择

在比赛的进程中，传球目标一般分为空当传球和脚下传球两种方式，向前方空当传球的威胁是比较大的，虽然这种传球方式的威胁比较大，但是成功率并不高，容易受到对方球员的干扰，为了能够全面掌控比赛的节奏，同伴之间最好还是进行一些横向的传球，从这个就角度出发，我们就能够清晰地认识到，需要将脚下传球和空当传球两种方式进行有机结合，只有多种传球方式相互结合，才能够迷惑对手，达到最佳的战术效果，当然比赛场上什么情况都可能会发生，对于具体的情况我们还需要进行适当的调整和分析。

（2）传球时机的掌握

能否掌握好传球时机，将直接影响到传球的效果以及战术配合的成败。比赛中传球的时机主要包括以下两种情况。

①当出球人发现对手出现空当之后要马上进行传球，并指挥相应的接球队员进行位置上的变更，做好接球的准备，实施战术的意图，比如进行转移进攻，快速反击等等，但是在进行传球的时候，速度一定要快，动作也一定要迅速，在接近球的时候进行适当的加速，否则被对手识破之后，进攻节奏就会被打破，战术执行也会有很大的难度。

②跑位在先，传球在后。也就是说当同伴主动跑向某一个空当的时候，持球人应当马上向该队员进行传球，如果同一个接球的位置上出现了好几名接球队员，那么，持球人应当选择这几个人当中站位最有威胁性的人进行传球。

2. 运球突破

所谓的运球突破就是进攻队员全面运用个人的技术来突破对方的防守，创造出对本队更加有利的进攻机会，运球突破技术是威胁性很高的个人战术，也是难度比较大的个人行动。一般来讲，一个成熟的球队当中，前腰、前锋以及边锋球员的能力要求都会比较高，这种运球突破的技术通常也会被用作战术的起始。

（1）运球突破的条件

运球突破对于比赛的意义是非常重大的，但是这种进攻方式也需要满足一定的使用条件，只有在恰当的时机使用运球突破技术，才能够真正发挥出它的威力，如果球员在不分场合与时机的情况下，一味地进行运球突破，不仅很难达到进攻的效果，而且对于战术的执行也会有很大的阻碍。一些运球突破的条件具体如下所示。

①本队进攻球员在前场得球后身边并没有队友及时跟上接应，此时应果断选择运球突破。

②在中、前场得球，对方采取造越位战术，同伴又处于越位位置时，此时应选择运球突破。

③控球队员在对方罚球区附近，而防守队员身后又有空隙，突破后即可射门时，应该大胆突破。

④控球队员在对手紧逼盯抢而失去传球角度时，应果敢地向前突破。

⑤控球队员处在一对一的情况下，一旦突破即可传中或从中路长驱直入逼近对方球门时，应大胆运用运球突破。

（2）采用运球突破的注意事项

①在面对防守人的时候，一般防守人都是背对球门的，一旦进攻球员在适当的机会获得了进攻的机会，防守球员再次进行补防的时候，首先需要做的就是转身动作，简单的一个转身可能就会失去一次很好地补救机会。这个时候，进攻球员就要适时抓住进攻的机会，充分利用好自身的速度优势，尽最大可能突破对面球员的防守。

②把握住稍纵即逝的有利时机，具体时机就是当对面的防守队员距离控球队员一米也就是一大步左右，此时，拦截的对手正处于一种犹豫不决或者是正试图与自己夺球的一瞬间，是突破的最佳时机。

③一定要有过硬的控球技术，时刻掌握球的动向，只有这样才能做到随时准备突围，即使无法突围，也能保证球不被对方拦截，造成失误。

④运动员要有过硬的突破技巧，能够做到随机应变，根据对方的防守状况，掌握有利时机，迅速突破对方防守。

⑤运动员在准备要突破对方的防守时，一定要果断迅速，一旦成功，迅速传球配合，如果能射门就要把握时机立即射门。

⑥正确运用突破的技术，才能达到想要的结果。

3. 射门

在一场足球比赛当中，决定比赛结果的就是射门的成功与否，成功多的一方也就意味着比赛的胜利，因此，所有球员的战术配合，最终目的都是为了射门成功，所谓射门，就是比赛过程中，一方运动员将足球有目的地踢向对方球门的行动。

（1）射门的技巧

射门的方法与技巧是多种多样的，在进行比赛的过程中我们要根据场上的实际情况适时地选择射门的角度与力度，大力量进行射门看起来可能比较有威胁，但是射门的成功率并不一定会很高。

（2）射门注意事项

①力争抢点直接射门。通常情况下，在一场足球比赛中，射门的时机通常是稍纵即逝的，因此，一定要及时把握住，因为比赛现场上的局势是瞬息万变的，一旦出现射门的机会，一定要力争直接进行射门。

②抬头观察。当然，射门也不仅仅是射门这一个动作，还要讲究射门的成功率，因此，在准备射门的时候，要迅速观察球门的位置以及对方守门员的所站的位置，采用最为合适的射门方式，出其不意，迅速射门，提高成功率。

③沉着冷静。在进行射门动作的时候，一定不要盲目，也不要慌张，看准恰当的时机，利用防守上的漏洞以及队员之间的空当进行射门，在射门脚法的选择上，一定要用自己比较擅长的手段和方式进行攻击，在保证射门成功率的基础上尽可能地加大进攻的力度，增加对方防守的难度。

④珍惜射门机会。在一场足球比赛当中，不管运动员是处于一种怎样的状态，一定要找准时机，果断射门。

⑤及时跟进补射。首先足球比赛是一个团队运动，因此，当运动员在射门的过程中，如果有位于球门较近的队员，就应该立刻跟上，当射门球员没有能够完成射门或者射门失手之后，跟进球员可以马上进行补射，这种补射在一定程度上讲并不是难度很大的技术动作，这种动作的难点就在于寻找合适的机会进行补射。

4. 跑位

在一场足球比赛当中，除了持球的运动员和双方守门员，其他运动员都在跑位，所谓跑位，就是运动员在不持球的时候，通过有目的的跑动寻找有利位置或空当，目的就是帮助己方得球或威胁对方射门。

跑位动作在比赛中是最常见的一种技术形式，在进攻的过程中基本都是以跑位串联整个比赛的，真正能够打破对方战术的就是这种无球跑动，为本队球员获得更加有利的进攻机会。

（1）跑位战术的基本内容

跑位并不是漫无目的的，跑位的方法也不是单一的，根据赛场上的状况，可以将跑位分为变相跑、加速跑、突然启动跑等多种。在跑位的过程当中，最重要的内容就是及时抓住最有利的跑位时机，确定想要通过跑位到达的位置以及正确的方向。

①敏锐的观察。在比赛的进程中，本方队员如果得到了球的控制权，

本队的作战形式就会产生由守转攻的变化，无球队员需要做的就是要学会适当的观察，了解到球所在的位置以及出球的角度之后，根据队友的站位以及对手的站位进行适当的跑位和传球。另外来讲，同时还要观察对方球员给予本队球员的所有阻碍，然后及时根据赛场上的变化，随时进行相应的战术调整。运动员的观察能力往往在一定程度上能够对比赛起到决定性的作用。

②有明确的跑位目的。在整个足球比赛过程中，无球队员的跑动需要有明确的战术目的，即使运动员的身体素质再怎么好，没有明确的战术目的，也不会取得比较好的效果。

接应：当己方队员处于持球状态时，无球的运动员要通过跑位接近控球队员，通过以多打少突破对方的防守，进而实现射门的目的。

摆脱：当双方的运动员处于一种僵持状态时，无球运动员首先要做的就是冲出或避开多方的防守，当对方采用紧逼战术的时候，接球队员就要采取相应的方式方法进行躲避，可以忽快忽慢、忽前忽后的跑动，以此来摆脱对方的防守，接受同伴的传球，如果无球队员站在原地不进行跑动的话，就很难得到同伴的传球，对于整个比赛的影响也会是比较大的。

切入：足球比赛是一项相互配合的运动，处于跑位状态的运动员发现己方的持球队员为了突破对方的防守而想要将球传向对方球员之间或对方球员背后的空当位置时，就要及时跟进，以便己方继续控球，掌握主动权。

拉开：一旦确定控球权，就要及时拉开与对方的距离，适当的距离不仅有利于控球队员的转移，还有利于促进控球队员组织进一步进攻甚至是射门，或者是本队球员全部拉开，给对方球员制造一种视觉上的错位感，适时寻找进攻的战机，一旦对方出现空当，立刻发动进攻。

传球后立即跑位：控球队员传球给同伴之后马上就会变成跑位队员，所以，持球队员在完成传球动作之后应该马上进行跑位，只有这样整个队伍才能够在流动中进行协调一致的配合，一个流动性比较大的足球队伍，在比赛的过程中更加容易取得比赛的胜利。

③选择正确的跑位方向。在进行足球运动比赛的时候，很多情况下比赛的结果胜负往往是由罚球区来决定的，对于两方队员来讲，对方的罚球区是发动进攻的重要区域，罚球区是获得射门机会的重要区域，在跑位的时候更要把握好罚球区的跑位方向。

④掌握跑位时机。如何正确把握跑位时机呢？以下几点是非常重要的。

第一，就是队员之间的默契配合程度，不管是跑位队员还是传球队员，默契程度越高，达到的比赛效果也就越好，要想培养这种默契，就要做到以下两点。

首先，掌握控球权的队员在传球的过程当中，要时刻关注自己周围己方队员的跑位情况并且选择恰当的时机进行跑位，这时，传球队员要在视线范围之内选择出一名最优的接球队员。

然后就是跑位队员在进行跑位的过程中，要与传球队员之间进行目光交流，跑位队员要善于发现空当，找到合适的机会之后，意会到传球队员的意图，传球队员在传球的过程中也要时刻保证传球的隐蔽性。

（2）创造和利用空间的跑位

①如果跑动且牵动防守者跟随移动，所创造的空间就可由另一些进攻者利用。如图 6-2-4 所示，②号就是利用了③号创造的空间从而得到进攻的有利机会。

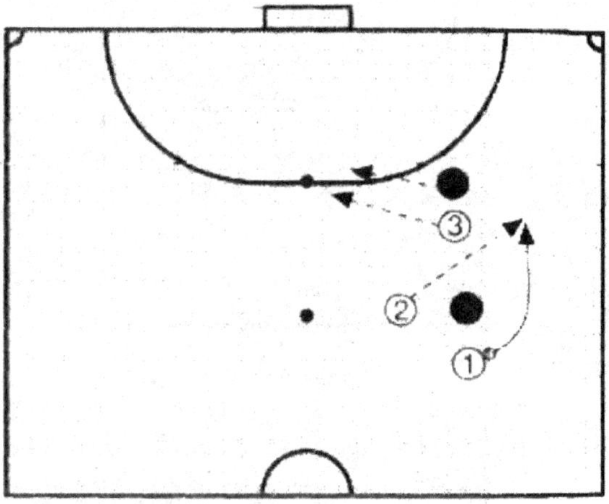

图 6-2-4

②在 30×20 米方格区域内，设一个活动球门，在该区域中共有 6 人，其中 1 名守门员，而方格区域内的人员中可以设 2 人进攻，3 人防守（图 6-2-5）。最初的时候由于技术的生疏，防守可以适当松些，待熟练后就要与实战一致。进攻者也可适当调整，如①③号相交时做交叉配合，①③号相向移动时，①号向空当做反方向传球，②号接球后进行射门，①③号进行包抄。

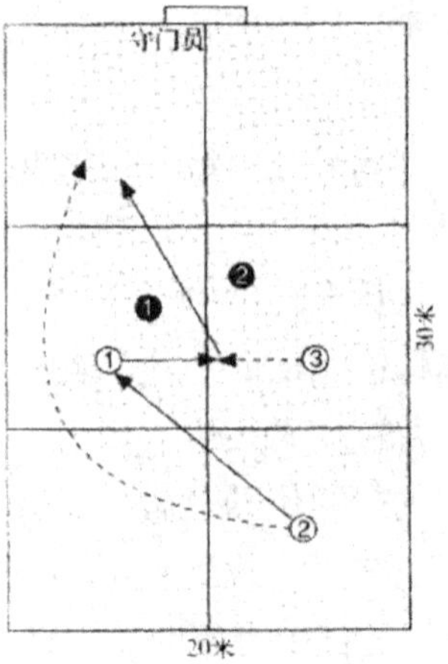

图 6-2-5

③如果控球队员在跑动的过程当中，防守队员并没有及时跟随，这个空当，就是传球的最佳时机。如图 6-2-6 所示，③号就是利用了空间。

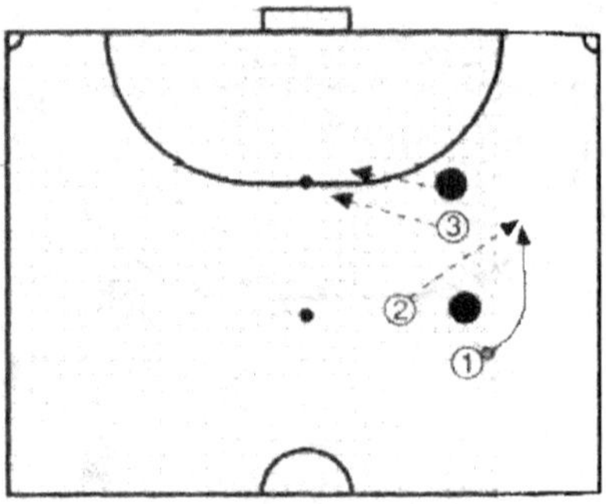

图 6-2-6

④如果跑动而且牵动防守跟随移动，所创造的空间可由第一进攻者利用。如图 6-2-7 所示，②号牵动，①号利用前方空间下底。

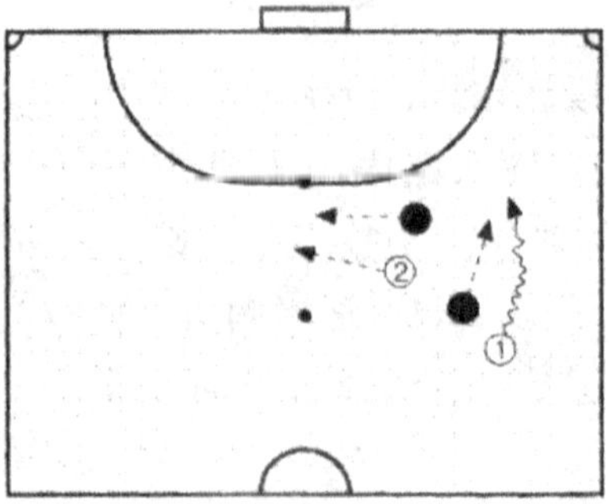

图 6–2–7

⑤前锋和前卫配合创造和利用空间练习。前锋队员斜线跑动，能创造可被居后插上的前卫队员所利用的空间（图 6–2–8）。其他位置配合创造和利用空间的练习也可以根据本队的战术设想而设计。

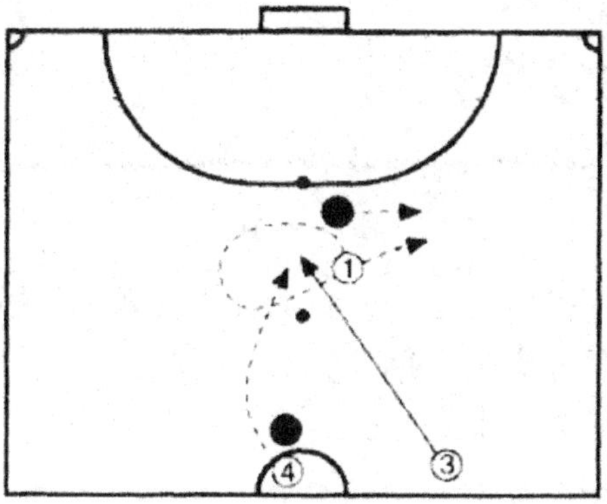

图 6–2–8

（3）提高应变能力的跑位

①运用突然变向摆脱对手。进攻者⑧中速向右斜前方跑动，防守者❻紧逼时，⑧突然而快速地转向左斜前跑，摆脱❻的紧逼，接⑨的长传球进攻（图 6–2–9）。

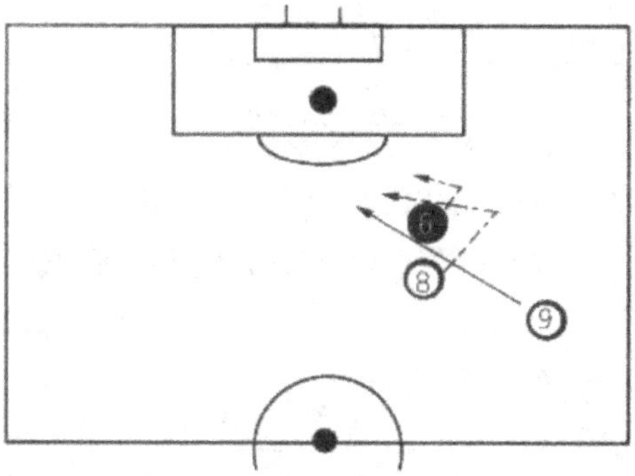

图 6–2–9

②运用突停或突启摆脱对手。这种摆脱的方法是进攻者在对方紧跟并根据进攻者的移动而移动时，运用突停作假象，然后再快速跑动以摆脱对手。进攻者⑨快速跑动，防守者❸紧跟不舍，⑨突然急停，然后再快速摆脱❸（图 6–2–10）。

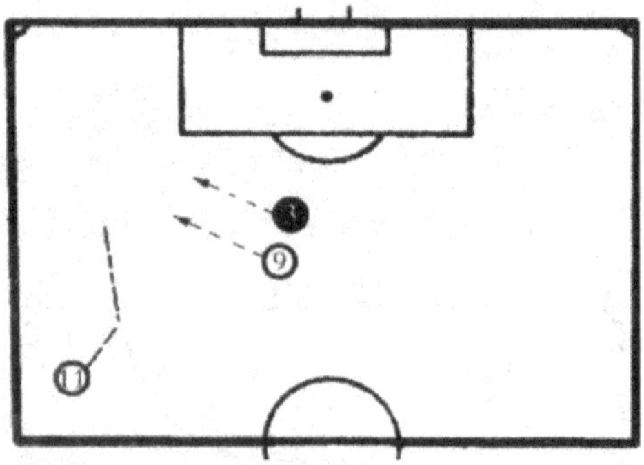

图 6–2–10

③运用先压后回摆脱对手的方法。进攻者⑧向前插上，准备接应同伴⑦的传球。当⑧把防守者❻和❸吸引到一起时，便突然转身回跑，摆脱❻和❸的防守，接⑦传来的球（图 6–2–11）。

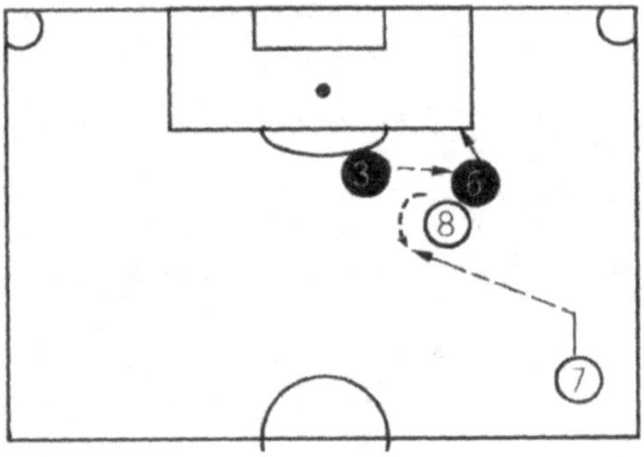

图 6–2–11

④运用反切摆脱对手。进攻者⑦向回跑，准备接同伴⑥的传球，把防守者❹引出，再突然转身切入以摆脱❹的防守，接⑥的传球进攻（图 6–2–12）。

图 6–2–12

5. 摆脱

在进行足球比赛的过程中，如果得到对方的球权，就要想方设法获得传球的机会或者是摆脱的机会，积极摆脱对方的防守，方便获得下一回合进攻的机会，更好地执行教练的战术安排，最终在摆脱对方的防守之后继续进行射门动作。

在摆脱对方防守的时候，我们可以采用的方法也是多种多样的，比如突然加速、多次变向、做假动作等等，这几种摆脱方法的使用一定要在保证球员都能适应的情况下进行。场上的空当与传球的时机一般会在很短的时间内就消失，这就要求队员在传球的过程中一定要迅速抓住战机，否则在对手干预比较强的情况下很难完成传球的技战术。

（1）向前跑突然转身向回跑。⑧号向前插进，准备接应⑦号的传球；当⑧号把防守队员❻和❸吸引到一起时，便突然转身回跑，摆脱❸、❻号的防守，接⑦号传球（图 6-2-13）。

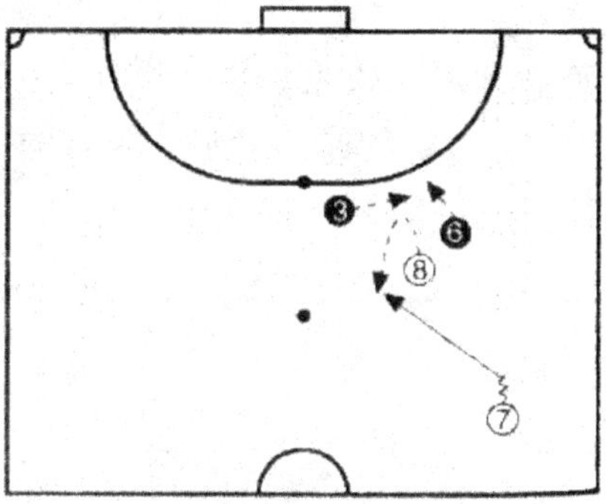

图 6-2-13

（2）⑦号向本侧跑去准备接⑥号的传球，把防守队员❹引诱出来，再突然转身切人摆脱❹防守。这种方法等于自己给自己制造空当。对一个跑得快的前锋来说，在较大范围里发挥技术和速度是比较有益的（图 6-2-14）。

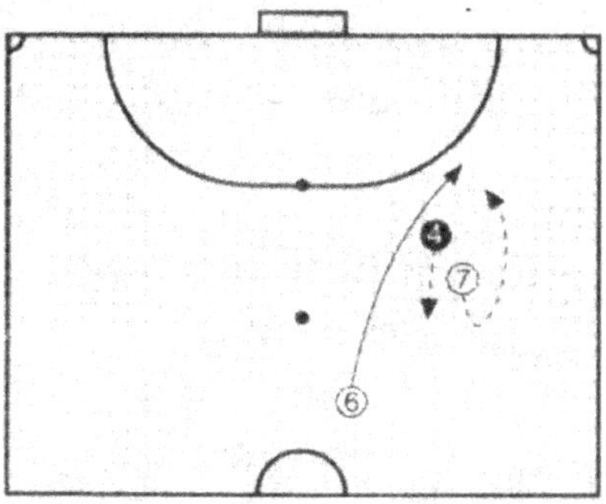

图 6-2-14

（3）快跑——突停——快跑。这种摆脱的方法是在对方紧跟进攻者并根据进攻者的移动而进行移动时，可运用这种摆脱方法造成对方被动（图 6–2–15）。

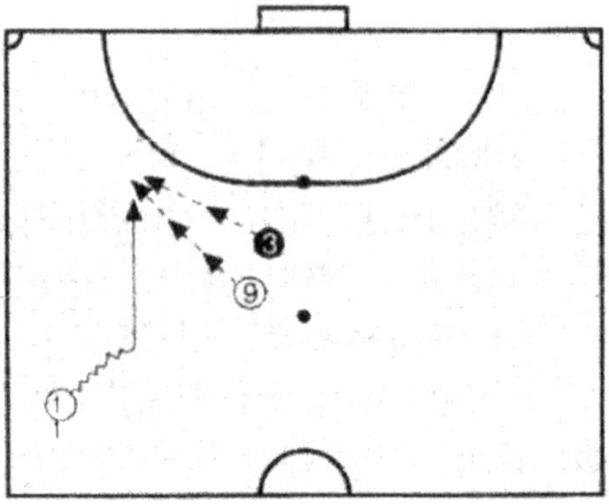

图 6–2–15

（4）突然转向右或者向左斜线跑。⑧号开始向一边跑时速度须稍慢，遇防守队员❻紧逼时，⑧为了摆脱❻的紧逼，再转向另一方向跑时要突然快速以便于甩掉对方（图 6–2–16）。

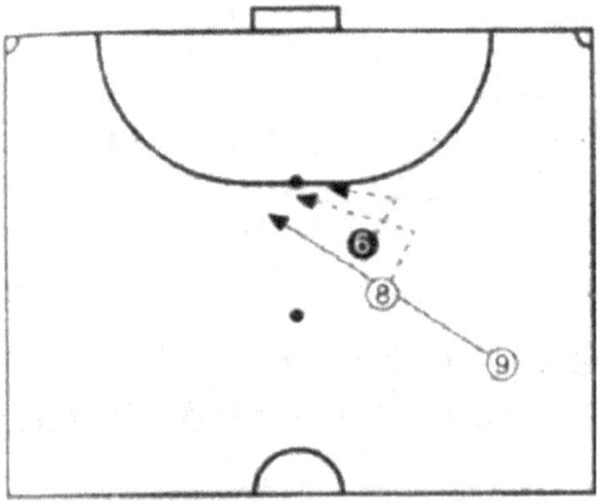

图 6–2–16

（二）个人防守战术

个人防守战术是局部防守战术和整体防守战术的组成部分。个人防守战术主要包括选位和盯人两个方面。

1. 选位

在比赛中，由攻转守时，防守队员应立即选择最有利于防守的位置。

选位要注意以下几个基本原则。

（1）要想在选位的时候获得比较恰当的站位，对手与本方球门中心所构成的直线附近是一个不错的选择，并且还要拥有清晰观察场上双方球员之间活动情况的能力，对于对手的站位和跑位都能够有清晰的判断，对足球的移动方向以及球速都能够做到心中有数，确保球和人能够在自己的视线范围之内（图 6-2-17）。

（2）防守队员在站位的时候一定要学会根据场上战术形式的变化以及对方进攻的路线进行相应的调整，找到适合防守的最佳位置。

（3）在二防三的情形下，我们需要安排一名防守队员对持球队员进行紧逼，另一名防守队员则需要采用区域防守的形式进行防守的布置，以此来保护紧逼的防守队员。

（4）在遇到对方以多打少的情况之时，比如“二过一”“三过二”配合，防守队员在没有把握抢断的情况之下，一般情况下都要采取主要向进攻球员的方法，一定不要盲目地进行上扑或者是铲球，而是要将自己定位在两名进攻队员之间，堵住双方进行传球的路线（图 6-2-18）。

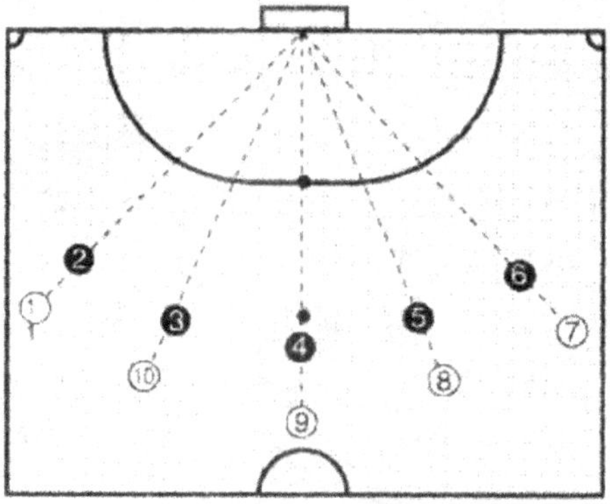

图 6-2-17

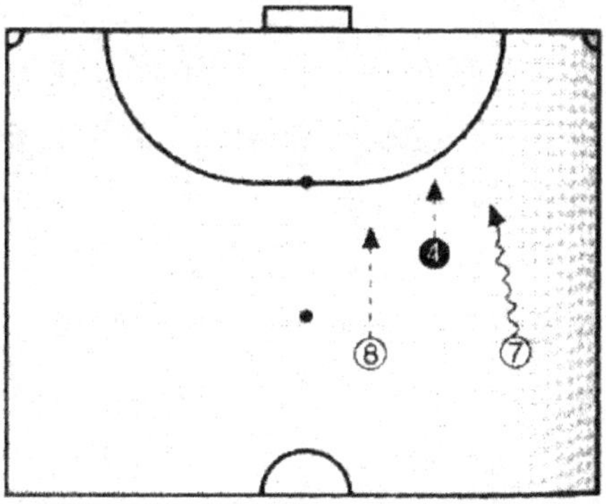

图 6-2-18

2. 盯人

盯人就是在足球比赛的过程当中，处于防守一方的足球队员，采用各种方法和技术，对对方球员采取的一对一的盯防战术。这种战术的主要目的就是对对方球员展开有针对性的严密的战术控制行为，最大限度地降低对方的进攻力度。

在足球运动中，盯人战术的运用是最为常见的方法之一，盯人战术同时也是其他综合性战术的重要组成部分。通常情况下我们可以将盯人战术分为紧逼盯人和松动盯人两种形式。

紧逼盯人战术就是防守队员不给进攻队员任何的活动机会，这种情况主要是禁区防守。松动盯人就是攻防之间有一个相对固定的距离，只要是在随时能够拦截或抢球的范围内即可，这种盯人方式主要运用于与对手距离较远的情况下。

（1）盯人的基本原则

①盯人要分清进攻人的威胁程度。对于离球或者球门较远又不可能接到球的对方队员可采用松动盯人。

②对有球队员及其附近可能接球的进攻队员和本方罚球区附近的对方队员都要采用紧逼盯人。

③盯人时防守球员要始终处于启动状态，身体重心应稍低，切忌不要双腿站死。

④对于速度快，反应快，而防守队员不及对手的情况下，不要紧逼。

（2）盯人队员的注意事项

①防守者必须根据比赛中球的位置，站位于被盯者和本方球门线中点的连线上，并且要根据场上的具体情况，和球保持适当的距离。

②盯人者一般情况下都会在一些比较稳定的区域内根据所盯防对象采取一定程度地来回跑位，这也是现代足球比赛最为基本的要求，但是盯人者在进行防守的时候，肯定会出现这样或者是那样的防守漏洞，这就要求防守人在防守好自己位置的同时，盯住可移动区域内其他人的防守情况，条件允许的情况下进行及时的补防，切实保证防守的有效性。

③防守者在盯人的时候一定要注意观察周边的战术变化以及局势变迁，保持高度的注意力，对于进攻者所要进攻的路线能够有一个明确的判断，提前准备，随时对被盯者进行干扰。

④盯人者还需要具备的另一个特殊素质就是随机应变的能力，当同伴在防守过程中遇到一些比较难防的对手，这时可以进行协防，执行围抢战术，当附近出现比较好的截击机会之时，可以马上进行阻击，各个负责人盯住自己所要防守的队员是获得比赛胜利的重要条件之一，同伴之间根据场上比赛形式的变化，调整防守的位置，灵活地去协助他人进行防守，也是提高防守质量的重要手段。

⑤在盯人的过程中，运动员所付出的体力要比进攻的过程中大得多，所以，教练员在盯人的过程一定要使用适当的球员进行盯防，一旦出现体

力不支的情况，可以适当地减少争抢，以保证剩余比赛时间的体力充沛。

四、整体战术

（一）整体进攻战术

整体进攻战术，是指参与进攻的人数较多、进攻面较广的战术配合。整体进攻战术主要有以下几种。

1. 边路进攻

边路进攻的主要特点通常都表现在进攻区域中，随着人们对于足球运动认识的不断加深，人们逐渐意识到球门的中路地带是对球门威胁最大的区域，所以在今后的比赛过程中人们都要集中注意到在球门中路的一些防守方法，对于两边路的防守可以适当放松防守，但是也不能完全放松，在这种防守理念之下，进攻一方便有了可乘之机，进攻球员可以在边路进行攻击，边路进攻通常都是以下底传中或者是内切传球的方式进行的，所以，从这个维度上来讲，传球质量的高低在一定程度上就会决定进攻的效果。

边线传中对于时机的掌握是非常重要的，当最好的射门位置被己方队员占据或即将占据，此时就是边线传中的最好时机，这个时间点对于射门的成功率来说有很大的提高作用。这时候，传球的队员要随着防守队员向球门方向跑动，传球的速度要快，时间要及时。从另外一个角度来讲，下底传球中的落点一定要进行认真的思考，传中的落点通常会有罚球点、中门门柱以及远门柱的位置，另外来讲，远门柱的区域同时也是进行传中的主要落点。

边路进攻中主要包括边线传中（图 6–2–19）和切底回传（图 6–2–20）两种形式。

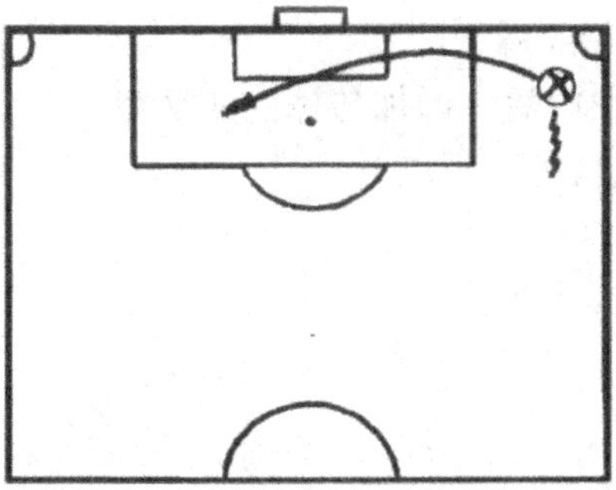

图 6–2–19

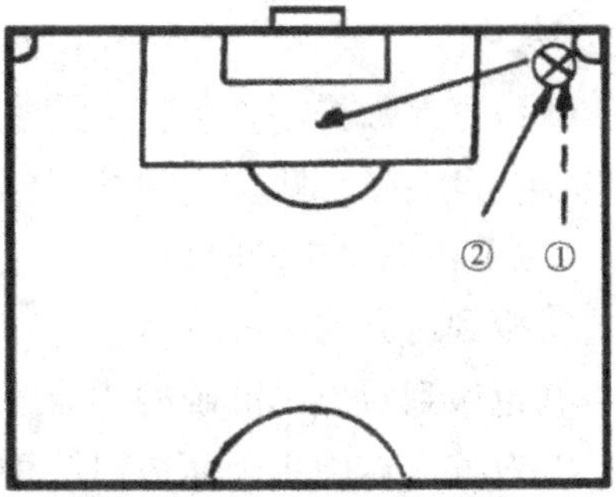

图 6–2–20

2. 中路进攻

中路进攻就是由中路球员所发起的进攻，中路进攻是进攻发起点与攻击点直线距离最近的两个点，一旦通过中路进攻的方式突破对方的防线，那么，这个进攻威胁是非常之大的，获得射门机会也是非常多的。但它的缺点也很明显，那就是这一区域通常是防守的重点区域，对方可能会安排多名队员在此进行防守任务，由此可见，突围的难度之高。总体来讲，中路进攻方式是所有进攻方式中威胁力最大的一种，同时也是对个人技术和团队配合能力要求最高的一种进攻方式。

3. 阵地进攻

阵地进攻是一种有组织、有步骤的全新进攻形式，通常发生在对方出其不意抢球的过程当中。这是一种更加谨慎的进攻打法，相对来讲这种打法的稳妥性与准确性要比其他打法更好一些。一般来讲，只有那些战术素养良好，技术能力过硬的足球运动员才能够在比赛中掌握进攻的主动权。

4. 快速反击

快速反击战术通常发生在对方全力发起进攻的时候，特别是当后卫压到中场的时候，防守人数会有很大程度上的减少，所以，在进攻一方留下空隙的时候，会给对手很多可以利用的机会，防守方如果能够在这个时候抓住防守的机会，将球断下，或者是在防守方退防的时候，利用对方的失误，来发动快速反击，这样就会给对方致命的打击，破坏掉对方进攻的节奏，反被动为主动。

（1）快速反击的条件

①任何一支足球队伍当中都要有一到两名“尖子”队员，要求不管是在技术或速度方面，还是在突破能力和随机应变方面都要有突出的条件。

②队员能迅速抓住赛场上稍纵即逝的反击点和突破口，并抓住机会及时反击。

③传球次数控制得当，尽量减少传球次数，增加传球的成功率。

④一旦突破，队员之间的配合要及时。

（2）快速反击的时机

①抢到对方的脚下球后。

②抢截到对方不准确的传球后。

③对方进攻中犯规而被罚任意球后。

（二）整体防守战术

1. 人盯人防守

人盯人防守就是指在一个足球队中，所有的运动员都要有赛场上的固定盯防对象，自由人除外。该战术的特点就是比赛中每一位进攻队员无论是在身体上还是在心理上都会有一定的压力。但是从这些年的足球比赛中，我们不难发现人盯人防守正在逐渐淡出历史的舞台，在运动员进行人盯人防守的过程中应该注意以下几点内容。

（1）队员和盯防对象之间的作战能力要匹配。

（2）相同球队的队员之间要相互配合。当一人的盯防出现失误或差池，附近的队员要在不影响比赛的情况下，要机动灵活、反应迅速对他的盯防工作进行补充，以保证整个队伍防守的严密性。

（3）足球运动是一项非常消耗体力的运动，尤其是在防守过程中，防守队员要在全场范围内不停歇地奔跑和逼抢，因此体力素质对于每一位防守队员来说都有较高要求。

2. 区域盯人防守

区域盯人防守就是在一场足球比赛当中，不同的队员有其固定的防守区域，他的活动范围也仅限于这些防守区域，当进攻者进入到某位防守队员负责的区域的时候，紧盯这位进攻队员，进而对他将要进行的所有进攻方式进行防御就是该负责队员的主要任务。

区域盯人防守能够明确每个防守者的明确任务，但是这并不意味着人们能够放弃团队之间的协作，当某人防守失败时，临近的队员应该马上进行相应的补位，被进攻队员突破之后，防守队员应该马上与其进行换位，最大限度地保证防守的有效性。这种防守方式的缺点就是队员之间的分工不像人盯人防守那么明确，这也会给进攻者带来很多进攻上的可乘之机。

3. 混合防守

混合防守就是采用人盯人防守与区域防守相互结合的方式进行防守的方式，在比赛的过程中混合防守可以采用后腰盯人，其他球员进行区域防守的防守方式，或者是特指明某一位球员进行盯人防守，其余球员均进行区域防守的方式。在采用混合防守方式的时候，我们应该注意以下几点。

（1）丢球即抢或迅速封堵。

（2）局部紧逼，相互保护，及时补位。

（3）夹击和围抢。

（4）层层设防，保持队形。

（5）切忌在罚球区域或其附近犯规。

（6）重点盯住进攻的组织者和攻击手。

（7）制造越位。

混合防守的使用能够有效地根据战术的需要进行适当的安排，混合防守的种类也是非常多的，能够在一定程度上表现出一定的灵活性，当对方的进攻主要依靠两名前卫进行的时候，防守方就可以根据这种进攻方式，采用对两名前卫进行紧盯的方式，有针对性地进行防守，能够很大程度地提高防守的质量，其余的队员则可以采用区域盯人的方式进行防守。

4. 任意球防守

（1）争取时间

干扰对手发球，以争取时间组织人墙。

（2）组织人墙

人墙的组织并不是随机的，摆设人墙也是有一定要求的。具体如下：

①要根据罚球地点确定排墙的人数。

②人墙应封堵球门近角一侧。守门员主要防守球门远角一侧，并应看清楚罚球队员和球。

③人墙不宜离球太远，以免影响封堵的角度。

五、足球进攻战术训练

（一）个人进攻战术训练

练习一：移动接球。接应队员避开障碍物旗杆，向两边空当接同伴的传球。接球后再回传给同伴，再向另一边移动接球，以此重复练习。可定时交换练习。

练习二：在 40 米 ×40 米方块场内。进行同时多人、多球的传球与接应练习。重点是选择传球目标，观察、呼应与跑动接应。随着练习的熟练，可以增加练习用球的数量和限制触球次数。

练习三：交叉换位。将人员分成两组，在前场进行交叉换位跑动，队员 A 与队员 B 交叉换位后接队员 C 的传球，再进行配合射门。

（二）局部进攻战术训练

练习一：各种二对一射门练习。

练习二：踢墙式二过一练习。

练习三：连续斜传直插二过一练习。

练习四：各种无固定配合踢墙式二过一练习。

练习五：回拉接应反向切入射门练习。

练习六：间接二过一射门练习。

练习七：半场中路进行三对二射门练习，规定最多三次传球之后必须射门。

（三）集体进攻战术训练

（1）两人一组，徒手模仿斜传直插“二过一”配合、直传斜插“二过一”配合、回传反切“二过一”配合、踢墙式“二过一”配合、交叉掩护“二过一”配合的传球、插上跑动、接球、运球等几个环节的运行路线。

（2）两人一组，做结合球的斜传直插“二过一配合”、直传斜插“二过一”配合、回传反切“二过一”配合、踢墙式“二过一”配合、交叉掩护“二过一”配合的传球、插上跑动、接球、运球练习，演练这几个环节的运行路线。熟悉掌握传、跑、接路线和传接球力量的控制。

（3）两人一组，做固定防守（标杆）“二过一”战术配合练习。两人相距 10 米左右，进行斜传直插“二过一”、直传斜插“二过一”、回传反切“二过一”、踢墙式“二过一”、交叉掩护“二过一”的传接球配合练习。

（4）做有防守队员（防守队员要消极防守）的斜传直插“二过一”、直传斜插“二过一”、回传反切“二过一”、踢墙式“二过一”、交叉掩护“二过一”等几种方式的“二过一”战术配合练习。

（5）徒手做“三过二”战术中第二空档传接配合跑动路线练习。队员三人一组听口令，按照第一跑动人、第二跑动人的顺序作熟悉跑动路线练习。

（6）三人一组，结合球做“三过二”战术中第二空档传接配合练习，前卫在中场附近拿球，前锋第一人在前场罚球区右侧附近，前锋第二人在前场罚球区左侧附近。前锋第一人向回跑动准备要接前卫传球，前锋第二人向前锋第一人跑动扯出的空当插上准备接前卫的传球，前卫拿球假传给第一接应人，待第二接应人插上时，将球快速传给第二空档插上的队员。

（7）做有防守队员（防守队员要消极防守）的，“三过二”战术中第二空档传接配合练习。方法同练习 6 相同。

（8）有防守的“二过一”配合射门练习，三人一组，两人进攻一人防守，进攻者根据防守者的位置练习“二过一”配合并结合射门。

（9）有防守的“三过二”配合射门练习。五人一组，三人进攻两人防守，进攻者根据防守者的位置练习“三过二”第二空当战术配合并结合射门。

六、足球防守战术训练

（一）个人防守战术训练

练习一：结合位置的诱导性进行有球练习。在半场内全队按照比赛阵型分别站好各自的位置个人多方向控运球，各位置随球方向的变化选位练习。

练习二：诱导性有球练习。进攻队员在离球门 16~20 米距离内做横向运球，防守队员练习选位。

练习三：一对一盯人练习。在半场内，两人一组，进攻队员向球闪做变向与变速运球，防守队员进行盯人练习。

练习四：无球结合球门的练习。两人一组，面对面站立，相距 2 米左右，一攻一守，进攻队员做摆脱跑动，防守队员做选位盯人练习。

（二）局部防守战术训练

练习一：在 10 米 ×30 米的 3 个方格内进行练习（图 6-2-21）：S 将球传给被❶号队员盯防的①号，❶号的任务是迫使①号横向活动并阻止其达到对面的端线。❷的主要任务就是保护❶。

练习二：练习在 30 米 ×20 米的 6 个方格内进行；每方格内有两名队员，其中包括一名守门员（图 6-2-22）。两端设球门，在进攻队员距离球门较近，射门无阻拦时，鼓励队员多射门，以增加其信心及勇气。要求防守队员必须严密紧盯对手，阻止其射门。

练习三：2 对 3 攻守练习，在 10 米 ×20 米的场地上进行，当进攻者突破一名防守者时，在临近的两名防守者之间进行补位练习。

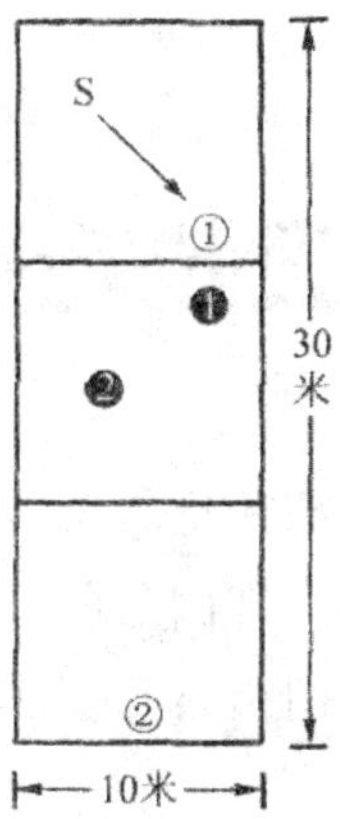

图 6-2-21

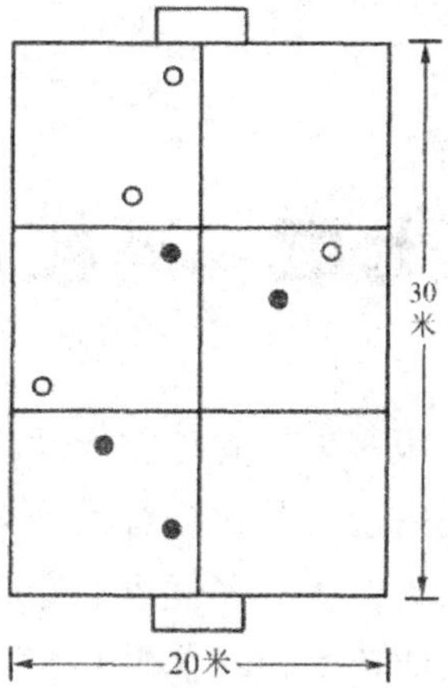

图 6-2-22

（三）集体防守战术训练

练习一：无对抗的 7 人区域防守练习。⊗ 传给⑩，所有队员按箭头所示向⑩移动，放开⑦，⑩将球圆传给 ⊗，所有队员向 ⊗ 移动，⊗ 传球给⑦，7 名防守队员又向⑦移动，放开⑩，如此反复做若干次 (图 6-2-23)。

练习二：有对抗的区域盯人防守：6 攻 7 练习，进攻一方利用套边、中路渗透、灵活跑位配合进攻。防守一方积极抢断。⑨远离❻控球时，❻不盯⑨，而是在原地等待⑨带球前进时再进行堵抢。如果⑨插向❹和❺之间的空当，❻回撤紧盯⑨，或者❺移动盯⑨，❻回撤至❺空出的防守区域保护❺，使中路防守始终保持一人轮空保护 (图 6-2-24)。

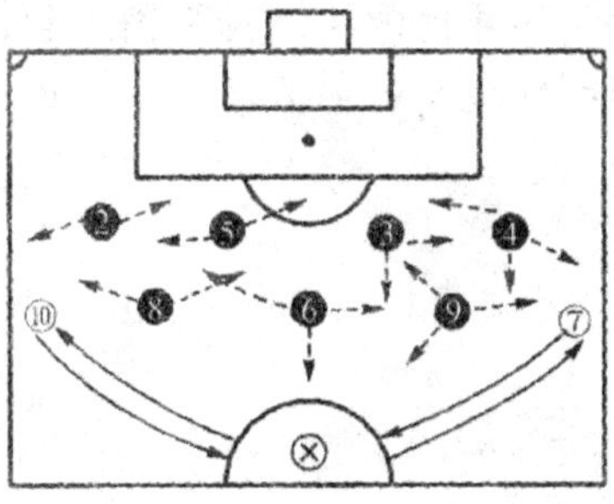

图 6-2-23

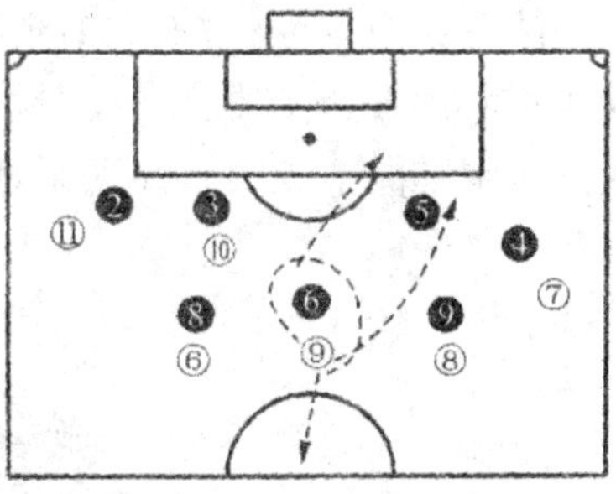

图 6-2-24

第七章 高校足球守门员技巧研究

相信很多人对奔驰在运动场上的足球运动员都是比较喜欢的，但是守门员相对来说就是比较容易受人忽视的了，但是，守门员的作用与贡献却不容小觑。作为一名优秀的守门员，应该掌握守门员技巧。本章主要从足球守门员的技术和战术两个方面进行研究。

第一节 高校足球守门员技术研究

守门员技术分为无球技术和有球技术两大类。无球技术主要有：准备姿势和移动动作；有球技术主要有：接球、扑接球、拳击球、托球、掷球和踢自抛球等。

一、守门员无球技术动作方法

（一）准备姿势

两脚左右开立，约与肩同宽，两腿自然屈膝并稍内扣，脚跟稍提起，身体重心落在脚前掌上，上体稍前倾。两臂自然屈肘置于体前，手指自然张开，掌心向下，眼睛注视来球(图 7–1–1)。

图 7–1–1

（二）移动步法

为了尽早截获对方向球门前传来的球或接住对方射来的球，守门员必须根据比赛中的球和队员的位置变化，而随时调整自己的位置。向左右调整位置的移动，一般采用侧滑步或交叉步这两种步法。

（1）侧滑步移动

从准备姿势开始，两脚顺序向斜侧方移动，两脚与球门线成 60 度角左右。侧滑步移动多用于扑近侧来球 (图 7–1–2)。

图 7–1–2

（2）交叉步移动

移动时，两脚交叉向斜侧方移动，两脚与球门线呈 60 度左右。多用于扑远侧来球 (图 7–1–3)。

图 7–1–3

（三）选位

选位对守门员非常重要。应根据射门队员与球门角度以及距离选择位置 (图 7–1–4)。

图 7–1–4

（四）接球手形

守门员能否将球接牢，接球手形是关键 (图 7–1–5)。

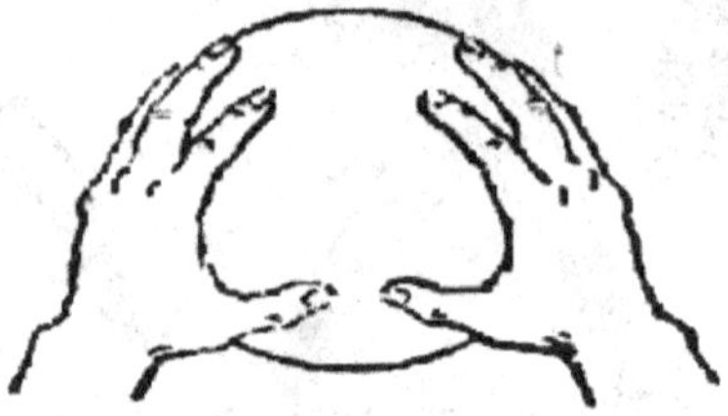

图 7–1–5

二、守门员接球技术动作要领

接地滚球技术动作有直腿式和单腿跪撑式两种动作。

（一）直腿式接地滚球技术动作要领

准备接球时，两腿直膝自然开立，脚尖正对来球，上体前屈，两臂并肘前迎，两手小指相对靠近，手掌对球，在手触球的刹那，随球后辙并屈肘屈腕，两臂靠近把球抱于胸前 (图 7–1–6)。

图 7–1–6

（二）单腿跪撑式接地滚球技术动作要领

准备接球时，身体正对来球，两脚左右开立，一腿深屈支撑身体，另一腿膝盖内转似跪撑，膝盖接近地面并靠近深屈腿的脚跟，上体前屈，手臂下垂，两手小指相对，手掌对准来球并稍前迎；在手触球的刹那，两手随球后辙并屈肘，屈腕，两臂靠近将球抱于胸前，然后起立(图 7–1–7)。

图 7–1–7

（三）接平直球技术动作要领

身体正对来球，两脚左右开立，上体微屈，两臂稍下垂并肘前迎，两手小指相靠，手掌对球。当手触球的刹那，两臂随球后撤并屈肘，顺势将球抱于胸前(图 7–1–8)。

图 7–1–8

（四）接高球技术动作要领

接高球技术动作包括不跳起接球和跳起接球。

1. 原地不跳起接高球技术动作要领

面对来球，两臂上伸；接球时，两手自然张开，两手拇指相对成八字型，手指微屈，手掌上端轻微触球，触球部位以手指为主(掌心不能触球)要接触球的中后部；当手触球的瞬间，手指、手腕适当用力将球接住，并顺势屈肘，下引，转腕将球抱于胸前。接两侧高球时，判断好球的运行路线，快速移动，两臂上伸迎球；接球时，手、臂弯曲，将球抱于胸前(图 7–1–9)。

图 7–1–9

2. 跳起接球分双脚起跳和单脚起跳

双脚起跳接球多用于接正上方的高球。接球过程可分为判断、踏跳、腾空、接球、落地五个步骤。最后将球收至胸前。单脚起跳接球应用范围较广，而且接球点比较高，多用接远侧高球、高吊球、传中球等。接球步骤与双脚起跳接球相同，只是用单脚起跳。跳起接高球技术动作要求基本与不跳起接高球技术动作要求相同。跳起接球时，应选好起跳点，掌握好起跳时机，保持身体在空中的平衡，跳至最高点时，伸臂展体将球接住，落地时，注意屈膝缓冲 (图 7–1–10)。

图 7–1–10

（五）扑接球技术动作要领

扑球常常是守门员在通过移动无法及时接到球的一种补救方法。扑球是守门员技术中的难点，但作为高水平的守门员必须掌握的一项技术。扑球时，守门员应尽可能地把球接住并控制好。扑球的动作方法有倒地侧扑球、跃起侧扑球和鱼跃扑接侧面平高球。倒地侧扑球，其特点是没有腾空动作，倒地速度快，适用于扑接离守门员身体较近而速度较快的低球，或者是出击扑对方脚下球。跃起侧扑球，其特点是有明显的腾空，适用于扑救距离守门员身体两侧较远的球。

1. 倒地侧扑地滚球技术动作要领

倒地扑球动作要领是做好准备姿势，两眼注视来球；扑球时，异侧脚内侧侧蹬发力，同侧脚屈膝迎球跨出，上体顺势压扑以加速重心的前移倒地，双臂同时迎出接球，腕关节稍内扣，用手掌挡压控球；触球后屈臂收球于胸前，并快速抱球起身；侧倒过程以小腿、大腿、臀部、肩和手臂外侧顺序缓冲着地 (图 7–1–11)。

图 7–1–11

扑脚下球时，重心降低出击迎球，在对手起脚射门的瞬间，快速倒地侧扑封堵球路，将球接住或挡出，随即做屈膝团身动作进行自我保护。

2. 跃起侧扑球技术动作要领

跃起侧扑球的技术要领：首先判断球离身体的距离，以判断移动时是采用侧滑步还是交叉步。当身体重心倾移至同侧脚时，用脚外侧蹬地发力，使身体呈水平状向球腾空跃出；手臂伸出迎球，身体充分伸展，接球手型为半球形，靠压腕和手指用力将球控制接稳；随重心的落降，开始落地缓冲，落地时，两手按球随即屈肘，以前臂、肩部、上体侧面、臀部、大腿和小腿依次着地，并要注意屈膝团身护球，再抱球起身。如果没有把握接住球，同样用双手或单手将球推击出球门 (图 7–1–12)。

图 7–1–12

3. 鱼跃扑接侧面平高球技术动作要领

身体重心移向靠近来球一侧的脚上，该脚用力蹬地向侧面跃出，身体展开，两臂向球伸出，两拇指靠近，手指自然张开，手掌对球；当手触到球时，以扣腕动作将球接住；落地时，两手按压住球，前臂、肘、肩部、上体侧面和下肢依次着地，同时屈肘，转腕将球抱于胸前，并屈膝团身（图 7-1-13）。

图 7-1-13

（六）拳击球要领

拳击球通常用于出击时的防守，当球门前的来球位置比较高的时候，并且在球门前面没有对方球员争抢顶球的情况下，守门员可以采用拳击球的形式进行防守，这样不仅能够增加成功防守的几率，而且还能避免触球之后脱手。拳击球一般又可以分为单拳击球和双拳击球两种。

单拳击球技术动作要领：先判断球的运行路线并确定击球点，在起跳上升阶段，击球臂位于肩侧，屈肘握拳，体稍侧后转；当跳起接近最高点即将触到球前的刹那，身体快速回转，迅速冲拳，用拳面将球击向预定的目标（图 7-1-14、图 7-1-15）。

图 7-1-14

图 7-1-15

双拳击球技术动作要领：双拳击球时，先判断球的运行路线并确定击球点，在起跳上升阶段，双臂于胸前屈肘握拳，两拳靠拢，拳心相对；当跳起接近最高点即将触到球的刹那，双拳同时快速冲击，以拳面将球击向预定的目标（图 7-1-16、图 7-1-17）。

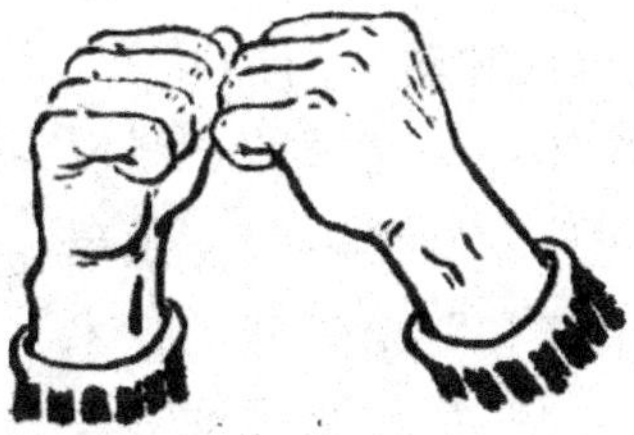

图 7–1–16

图 7–1–17

（七）托球要领

托球一般用于临近球门的防守。对那些力量大、角度刁、弧度较大、贴近球门横梁和球门柱，守门员跳起接球把握不大的球，可采用托球。托球技术动作要领：跳起准备托球时多采用单臂，以提高动作速度和触球点的高度。首先判断球的运行路线并确定托球点，向后跃起，全身伸展成背弓，靠近球一侧手臂伸出迎球；触球瞬间，手腕后仰，掌心稍向上，用掌跟部顶推发力触球的下部，将球向侧或后方托出，使球越出球门横梁 (图 7–1–18)。

图 7–1–18

（八）发球要领

发球是守门员组织进攻的常用技术手段，通常一个回合完成以后，由守门员首先进行发球。在守门员进行发球的时候需要遵循的一个原则就是能快则快，在没有条件的情况下，舍快保稳。守门员的发球动作一般分为脚踢发球和手抛发球两种形式。

踢发球技术动作要领：踢发球常用的方法有踢定位球、踢高抛球和踢反弹球三种。踢发球的力量大，距离远，方法灵活多变，适用于各种发球的需要。

踢定位球技术动作要领与脚背内侧踢定位球技术动作要领相同，但守门员发出的球需要一定高度，所以在踢球摆腿时，前摆可适当大一些，用力方向再往上一些。踢高抛球、踢反弹球：踢高抛球、踢反弹球是守门员把获得的球传给远距离的同伴常用的技术动作。踢高抛球和踢自抛反弹球的技术动作要领与脚背正面踢空中球和踢反弹球的技术动作要领基本相同，但是，由于要求把球踢得远，守门员都是向前方踢球，踢高抛球（图 7–1–19）。

图 7–1–19

抛掷发球要领：为了争取时间组织快速反击，守门员经常把获得的球用手掷给同伴。抛掷发球出球快，准确性高，但力量较小，适用于中短距离的快速发球需要。抛掷球有单手低手抛掷球、单手肩上抛掷球和勾手抛掷球等三种。单手低手抛掷球技术动作要领：单手低手持球于体侧，两脚前后开立，两膝弯曲，掷球臂后撤引球，身体随之侧转，重心移至后脚；掷球时，利用后脚蹬地、转体、送臂和甩腕拨球的连贯发力将球掷向目标（图 7–1–20）。

图 7–1–20

单手肩上抛掷球技术动作要领：两脚前后开立，两膝弯曲，单臂屈肘持球于肩上，持球臂后摆引球，身体随之侧转，重心移至后脚；掷球时，利用后腿蹬地、转体、挥臂和甩腕的力量将球掷向目标（图 7–1–21）。

图 7-1-21

勾手抛掷球技术动作要领：身体侧对出球方向，两脚前后开立，持球臂屈肘后引，身体侧转，身体随之侧转，腰部扭紧，重心移至后脚；掷球时，后脚用力蹬地，并快速转体，持球臂顺势由后经体侧向上呈弧线形抡摆，摆至肩上方时，持球臂继续前摆的同时，甩腕拨球，将球掷向目标（图 7-1-22）。

图 7-1-22

（九）守门员技术易犯错误

（1）接地滚球时屈臂收球不夹肘，使球从臂间漏掉。

（2）引撤缓冲时机不好，缓冲效果差。

（3）接平球时，手臂没有前伸引撤，球直接触击胸部。

（4）接球时手指过分弯曲，手型太小，接球不稳。

（5）接高球时肘外张，影响接球手型。

（6）接球手型后仰，拇指间距过大，接球脱手或漏球。

（7）跳起接球时，时机掌握不好，影响接球效果。

（8）侧扑地滚球迎球侧跨步时，上体不做压扑动作，影响倒地速度。

（9）接球手臂伸出不一致，影响接球手型，接球不稳。

（10）倒地时肘关节外展，导致受伤并影响控球的稳定性。

（11）鱼跃扑接侧面平高球，侧蹬发力时，身体重心侧移速度慢，影响蹬离速度，腾起效果差。

（12）腾空后团身，落降速度快，影响腾空接球动作的完成。

（13）接球手型不正确，接球不稳或脱手。

（14）拳击球时用手掌前部托球，力度不够。

（15）伸臂和顶托动作脱节，影响动作发力。

（16）双拳击球时，起跳时机把握不好，不能准确击球。

（17）冲击拳面不正或出球点没掌握好，影响击球的力量和方向。

（18）在守门员发球的时候，身体引球侧转身的角度不够，这在很大程度上会影响到出球的力量。

（19）有些守门员在投球的时候，会缺乏甩腕的动作，这样就不能保证出球的方向了。

（20）踢高抛球时击球时间掌握不好，击球部位不正确，踢出的球达不到理想位置。

（十）守门员技术练习方法

（1）准备姿势徒手练习，按照准备姿势技术动作要求做练习。要求动作幅度到位。

（2）按照教练手势做向左、向右、向前、向后的移动练习。移动时身体重心不要起伏太大，保持随时出击的准备。

（3）接同伴抛来或踢来的各种地滚球，做直腿和单腿跪撑接地滚球练习。要求体会动作要领，技术动作做到位。

（4）做接平直球和高空球练习，接同伴踢来的各种平直球和高空球。开始可接距离较近、力量较轻的球，体会技术动作要领和手型；逐步过渡到距离拉大、加大力量的球。

（5）做移动中接同伴踢来的地滚球、平直球、高空球等练习，体会在移动中完成接各种不同性质来球的技术动作要领。

（6）两脚屈膝左右开立，上体稍前倾，双手举球倒地，做扑地滚球模仿练习。

（7）在垫上做各种扑球练习，扑接同伴手抛的两侧地滚球。体会扑接地滚球技术动作要领和要求。

（8）在足球场地上做各种扑球练习，扑接同伴脚踢的两侧地滚球，力量由小到大，体会扑接地滚球技术动作要领和来球的速度不同时所选择的到底时间。

（9）接同伴抛或踢来的两侧平直球，做跃起扑接两侧平直球，体会技术动作要领及接球时的手型和身体依次着地顺序。

（10）拳击球和托球练习，助跑起跳，单手、双手拳击吊球练习。

（11）助跑起跳，单手、双手拳击同伴抛来的高球。体会单手、双手拳击球的技术动作要领。

（12）助跑起跳，单手、双手拳击同伴抛来的高球，除体会单手、双手拳击球的技术动作要领外，更重要的是练习判断球的运行路线、落点和击球时间。

（13）同伴手抛高球，守门员练习向后起跳托球。

（14）踢角球、任意球时，守门员在人丛中练习拳击球或托球，体会对抗情况下的出击时间。

（15）按照踢发定位球、踢发高抛球和踢发自抛反弹球的技术动作要领练习各种踢发球。要求技术动作正确，踢发球准确到位。

（16）按照手抛单手低手抛掷球、单手肩上抛掷球和勾手抛掷球技术动作要领练习各种手抛掷球。要求手发球动作准确，发球准确到位。

第二节　高校足球守门员战术研究

一、选位

（一）基本选位

1. 对方运球时的选位

目的：提高守门员保持处于正确的封住射门角度的位置的能力。

方法：两个守门员，3 个进攻队员分左中右分别站在罚球区外约 2~5 米的位置，每人一球。另有一个教练员。教练员不断向左中右队员发出运控球指令。守门员站在球门线附近，根据教练员发出的指令和控球队员的运球情况，迅速调整自己与控球队员的位置关系 (图 7–2–1)。

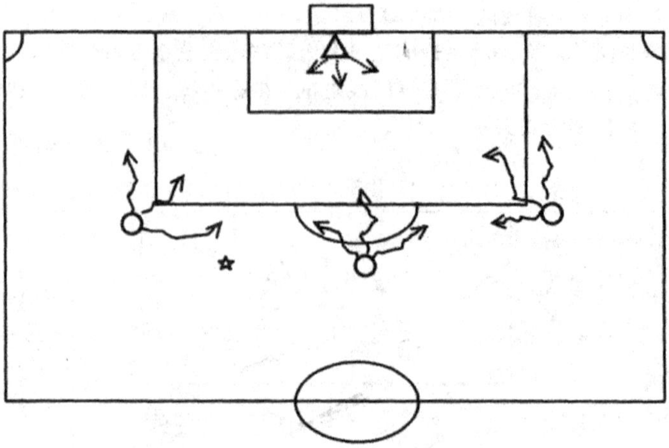

图 7-2-1

要求：守门员要移动快速，始终保持处于球与两个球门立柱形成的夹角的角平分线上，距离球门线约有 2~4 米远的位置。练习一段时间两个守门员交换练习位置。

2. 对方在罚球区外附近传球时的选位

目的：提高守门员保持处于正确的封住射门角度的位置的能力。

方法：两个守门员，3 个进攻队员分左中右分别站在罚球区外约 2~5 米的位置，用一个球。另有一个教练员。教练员不断向左中右队员发出传控球指令。3 个传球队员根据教练员的指令将球传来传去。守门员站在球门线附近，根据教练员发出的指令和传球队员的传球情况，迅速调整自己与控球队员的位置关系 (图 7-2-2)。

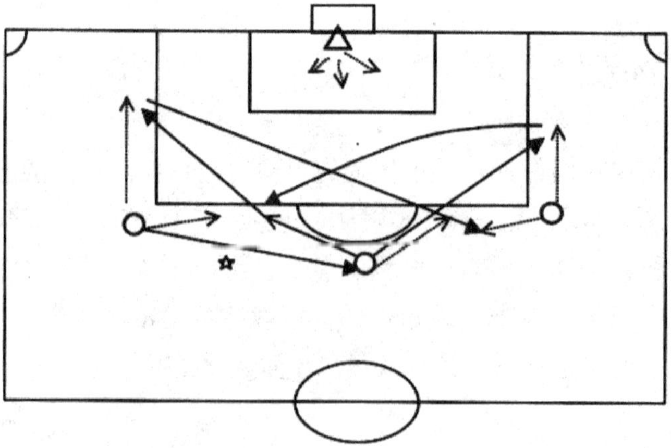

图 7-2-2

要求：守门员要移动快速，要始终保持处于球与两个球门立柱形成的夹角的角平分线上，距离球门线约有 2~4 米远的位置。练习一段时间后两个守门员交换练习位置。

3. 对方运球到角球区附近传中时的选位

目的：提高守门员保持处于正确的封住射门角度的位置的能力。

方法：两个守门员，6 个进攻队员在罚球区外的两个边路区域，每人一球。门前中路是 3 对 3，另有一个教练员。教练员不断向左右两边的队员发出运球传中的指令，两边球队员根据教练员的指令将球运到角球区附近传中。守门员站在球门线附近，根据教练员发出的指令和传球队员的传球情况，迅速调整自己与球门的位置关系 (图 7–2–3)。

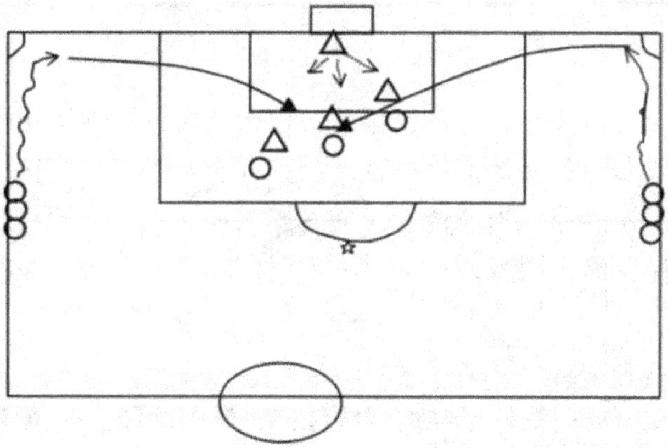

图 7–2–3

要求：守门员要判断准确，移动快速。当对方运球到角球区附近传中时，一般守门员要保持选择在球门的中后部位置，以便快速由后向前控制球门前的空间。球传到门前时要根据实际情况调整自己与球门的位置关系，保证最大限度地封堵对方的射门角度。练习一段时间后两个守门员交换练习位置。

4. 对方运球到罚球区底角附近传中时的选位

目的：提高守门员保持处于正确的封住射门角度的位置的能力。

方法：两个守门员，6 个进攻队员在罚球区外的两个边路区域，每人一球。门前中路是 3 对 3，另有一个教练员，教练员不断向左右两边的队员发出运球传中的指令，两边球队员根据教练员的指令将球运到罚球区底角附近传中。守门员站在球门线附近，根据教练员发出的指令和传球队员的传球情况，迅速调整自己与球门的位置关系(图 7-2-4)。

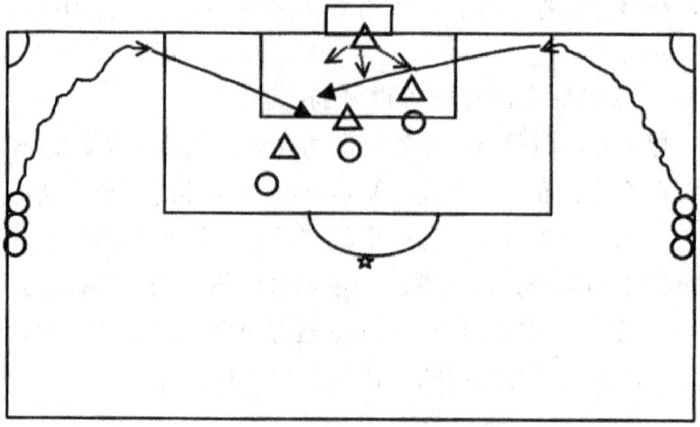

图 7-2-4

要求：守门员要判断准确，移动快速，当对方运球到罚球区底角附近传中时，一般守门员要保持选择在球门的前部位置，以便快速封堵和控制对方传向前门柱的球。当球传到门前时要根据实际情况调整自己与球门的位置关系，保证最大限度地封堵对方的射门角度。练习一段时间两个守门员交换练习位置。

5. 本方在对方门前控球时的选位

目的：提高守门员处于与后卫线保持正确联络和保护位置的能力。

方法：全场两队，两个守门员，每队 4~5 人在对方罚球区附近。一名教练员在中线附近发球给某一罚球区附近的队员，这几名队员控球倒脚。两边守门员根据教练员发球的情况选择自己的位置。

要求：守门员要始终与本方后卫线保持密切的联系。（当球在对方罚球区附近时，本方守门员一般应在本方罚球区横线附近位置；当球在中线附近时，本方守门员一般应在本方罚球区内球门区横线附近到罚球点位置之间；当球在本方罚球区附近时，本方守门员一般应在本方球门线附近 2~5 米的位置。）控球队员倒脚后将球回传给发球的教练员，然后开始下一次练习。

(二) 特殊情况下的选位

1. 对方发角球时的选位

目的：提高守门员保持处于正确的封堵破坏对方射门角度的位置的能力。

方法：从两侧角球区依次发出角球，罚球区内 5 对 5。守门员根据实际情况调整自己与球门的位置关系，保证最大限度地封堵对方的射门角度。练习一段时间后两个守门员交换练习位置。

要求：对方发角球时，本方守门员一般站位都在中部靠近后门柱的球门线附近，身体要侧对角球方向。当球发出后，要迅速判断，调整自己与球门的位置关系，保证最大限度地封堵破坏对方的射门。发角球的队员应当不断变化发出球的落点。

2. 对方在本方罚球区附近中路罚任意球

目的：提高守门员正确封堵破坏对方射门角度的选择位置的能力。

方法：对方在罚球区外中路附近罚直接和间接任意球，本方防守人墙 4~5 人，罚球区内 5 对 5。守门员根据实际情况调整自己与球门的位置关系，保证最大限度地封堵对方的射门角度。练习一段时间后两个守门员交换练习位置。

要求：对方在本方罚球区中路附近罚任意球时，防守人墙一般封堵前角，本方守门员一般站位应当在中部靠近后门柱的球门线附近。当球发出后，守门员要迅速判断，调整自己与球门的位置关系，保证最大限度地封堵破坏对方的射门。发角球的队员应当不断变化发出球的落点。

3. 对方在本方罚球区内球门区线上罚间接任意球

目的：提高守门员正确封堵破坏对方射门角度的选择位置的能力。

方法：对方在罚球区内球门区线上正面和侧面罚间接任意球，本方防守人墙 8~9 人站在本方球门线上。守门员要根据实际情况调整自己与球门的位置关系，此时应当站在人墙前边的中前部离球较近一侧，保证最大限度地封堵对方的射门角度。练习一段时间后两个守门员交换练习位置。

要求：防守人墙封堵前角。本方守门员站位要在防守人墙前边，离罚球点较近的位置。当球发出后要迅速判断，调整自己与球门的位置关系，保证最大限度地封堵破坏对方的射门。罚球队员要不断改变罚出球的方向和罚球的方法。

4. 对方在本方罚球区附近边路罚任意球

目的：提高守门员正确封堵破坏对方射门角度的选择位置的能力。

方法：对方队员在罚球区外边路附近罚直接和间接任意球，本方防守人墙 2~3 人，罚球区内 5 对 5。守门员根据实际情况调整自己与球门的位置关系，保证最大限度地封堵对方的射门角度。练习一段时间后两个守门员交换练习位置。

要求：防守人墙一般封堵前角，本方守门员一般站位应当在中部略靠近后门柱的球门线附近。当球发出后，守门员要迅速判断，调整自己与球门的位置关系，保证最大限度地封堵破坏对方的射门。发角球的队员应当不断变化发出球的落点。两侧边路均要练习，并且边路罚球点的位置要有变化。

5. 对方中路（运球或插入）突破时的选位

目的：提高守门员保持处于正确的封堵破坏对方射门的能力。

方法：两名守门员，几名运球进攻队员在罚球区外不同的区域，另有一名教练员。教练员给某一个队员发出指令，该队员带球进入罚球区直逼守门员。守门员根据运球队员的控球情况选择合理的位置，以尽量破坏运球队员的射门成功率。

要求：一般在保证不被对手吊球入门的情况下，慢慢逼近运球队员。当运球队员进入防守范围之内，要果断采取防守行动。

二、出击

（一）防守边路传中时的出击

1. 对方发角球时的出击

目的：提高守门员正确封堵破坏对方射门的能力。

方法：对方队有两个队员分别从两侧角球区依次发出角球，罚球区内 5 对 5。守门员根据实际情况调整自己与球门的位置关系，保证最大限度地封堵对方的射门。练习一段时间两个守门员交换练习位置。

要求：对方发角球时，本方守门员一般站位都在中部靠近后门柱的球门线附近，身体要侧对角球方向。当球发出后，要迅速判断，调整自己与球门的位置关系，保证最大限度地封堵破坏对方的射门。发角球的队员应当不断变化发出球的落点。

2. 边路 45 度高吊传中

目的：提高守门员正确判断来球性质，迅速封堵破坏对方射门可能性的能力。

方法：对方队有两个队员分别从罚球区两个顶角的外侧边路约 1 5 米的位置，向罚球区内长传高吊球，罚球区内 5 对 5。守门员根据实际情况调整自己与球门的位置关系，保证最大限度地封堵破坏对方的射门可能性。

练习一段时间两个守门员交换练习位置。

要求：对方 45 度传中时，本方守门员要迅速判断来球的性质，快速做出决断，争取在最早时间内和最高点将球破坏掉，保证最大限度地封堵破坏对方的射门。发球的队员应当不断变化发出球的落点。

3. 对方边路运球突入罚球区时的出击

目的：提高守门员正确加大封堵破坏对方射门可能性的能力。

方法：两队罚球区内 5 对 5，加一守门员，对方两名队员从罚球区两侧边路靠近底线的位置，运球进入罚球区逼近球门，寻找传球或射门机会。守门员根据实际情况封堵运球队员的射门和传球路线。

要求：守门员要先封堵前门柱(前点)，并注意运球队员向中间的快速传中球。此外注意身旁其他进攻和防守队员的位置情况。两侧都要练习。

(二)防守中路的出击

1. 对方中路直线长传地滚球插入突破时的出击

目的：提高守门员正确地封堵破坏对方射门机会的能力。

方法：两队，一队进攻，一队防守。在罚球区外中路门前约 20 米处，一进攻队员从边路斜线插入中路两名中卫身后的空当，一名进攻队员从中圈弧顶处直线长传过顶球越过防守队员头顶，形成传球突破局面，此时守门员从门中出击，防守插入突破的队员(图 7–2–5)。

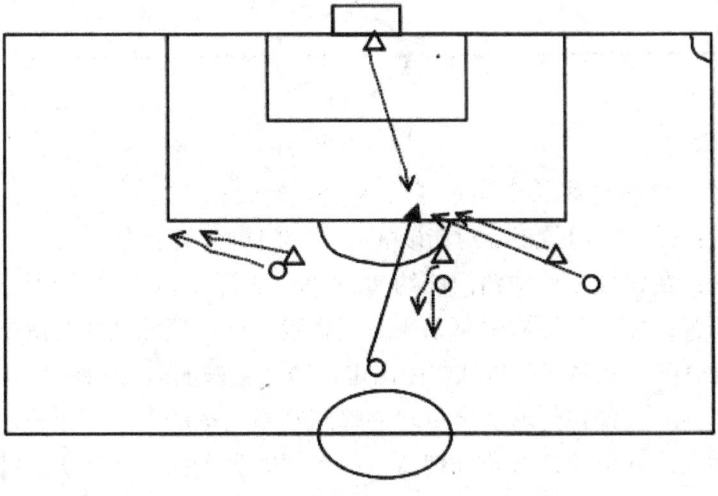

图 7–2–5

要求：一般要首先判断不被对手吊球入门，然后快速逼近突破的队员。当突破队员进入防守范围之内时果断采取防守行动。

2. 对方中路直线长传高吊球插入突破时的出击

目的：提高守门员正确封堵破坏对方射门机会的能力。

方法：在罚球区外中路门前约 20 米处，3 打 2。两个中锋通过交叉跑位形成摆脱，控球队员从中圈弧顶处直线长传过顶球到摆脱队员的身前造成中路突破。此时守门员从门中出击，防守突破的队员 (图 7-2-6)。

要求：一般要在传球队员传球的瞬间判断出球的落点，迅速出击，争取抢在插入的队员前边将球处理掉。如果不能先于插入队员破坏掉球，出击需先判断不被对手吊球入门，而后快速逼近突破的队员，对突破队员进行果断的防守行动。

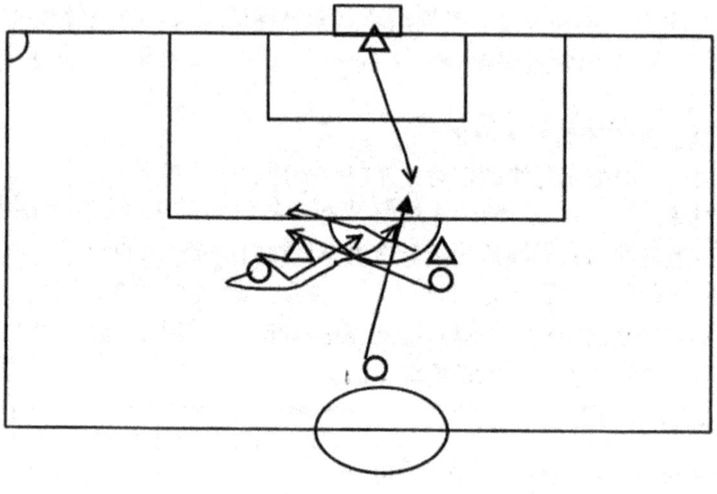

图 7-2-6

3. 对方中路斜线长传高吊球插入突破时的出击

目的：提高守门员正确封堵破坏对方射门机会的能力。

方法：在罚球区外中路门前约 20 米处，3 打 2。两个中锋通过交叉跑位形成摆脱，控球队员从中路中线附近斜线长传过顶球到摆脱队员的身前造成中路突破。此时守门员从门中出击，防守突破的队员 (图 7-2-7)。

要求：一般要在传球队员传球的瞬间判断出球的落点，迅速出击，争取抢在插入的队员前边将球处理掉。如果不能先于插入队员破坏掉球，出击时首先判断不被对手吊球入门，同时要快速逼近突破的队员，对突破队员进行果断的防守行动。

4. 对方中路短传渗透插入突破时的出击

目的：提高守门员正确封堵破坏对方射门机会的能力。

方法：在门前中路罚球区外约 5 米处，2 打 1。中锋通过假动作变向交叉跑位形成摆脱，控球队员从中路罚球区外附近斜线传地滚球到摆脱队员的身前造成中路突破。此时守门员从门中出击，防守突破的队员（图 7–2–8）。

要求：一般要在传球队员传球的瞬间判断出球的落点，迅速出击，争取抢在插入的队员前边将球处理掉。如果不能先于插入队员破坏掉球，出击时首先判断不被对手吊球入门，同时要快速逼近突破的队员，对突破队员进行果断的防守行动。

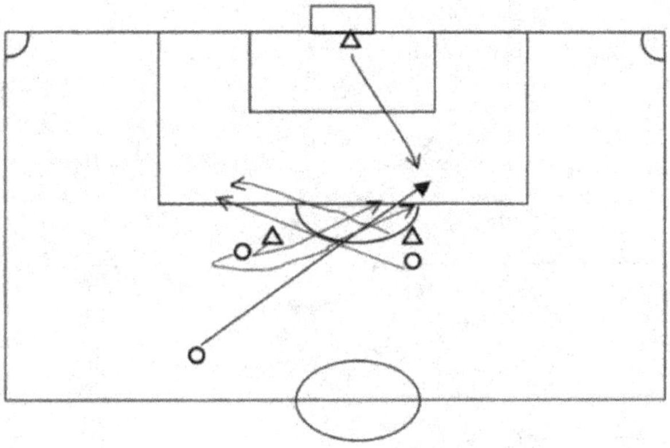

图 7–2–7

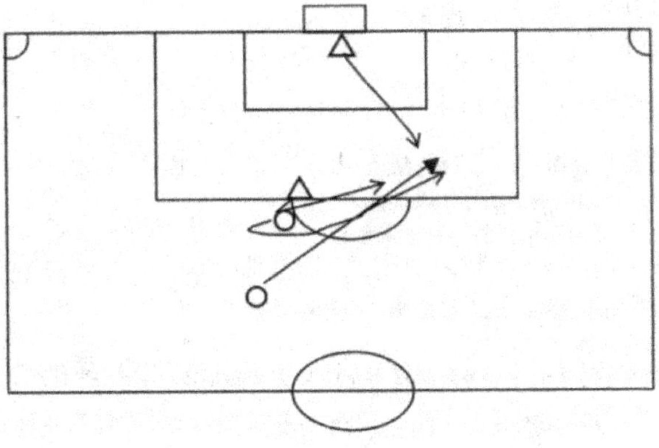

图 7–2–8

5. 对方中路运球突破时的出击

目的：提高守门员正确封堵破坏对方射门的能力。

方法：两队，攻队 3 人。守队 4 人。在罚球区外中路区域进行 1 对 1。另有一名教练员。教练员给某一个队员发出指令，该队员 1 对 1 运球越过防守队员进入罚球区直逼守门员。守门员根据运球队员的控球情况选择合理的位置，尽量破坏运球队员的射门成功率(图 7-2-9)。

要求：一般要首先保证不被对手吊球入门，慢慢逼近运球队员。当运球队员进入防守范围之内时果断采取防守行动。

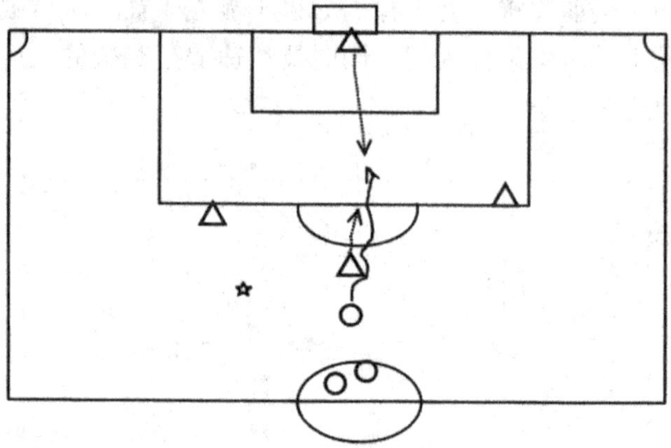

图 7-2-9

三、组织防守与发动进攻

(一) 组织防守

1. 小场地比赛组织防守

目的：提高守门员组织本方防守体系的能力。

方法：在 20×30 米的场地进行 5 对 5 小比赛。守门员不断地用语言提示本方队员形成良好的防守体系。

要求：守门员提示要及时，语言要清晰，声音要洪亮。

2. 快速组织防守人墙

目的：提高守门员快速组织本方队员搭成防守屏障的能力。

方法：在罚球区附近，进行 6 对 6 防守比赛。由教练员有意不断判罚防守队员犯规，守门员组织防守人墙。

要求：组织人墙要迅速确定封堵前角的第一个防守人的位置。

3. 对方长传转移进攻时的防守组织

目的：提高守门员及时提示无球一侧防守队员快速回位收缩组织本方防守体系的能力。

方法：在中线中圈内放一球门，两队在半场内进行 8 对 8 比赛。进攻一方不断采用长传转移进攻方向。守门员迅速根据本方队员的位置及时提示无球一侧的防守队员回到正确的防守位置。

4. 出击时的语言提示

目的：提高守门员与本方后卫队员形成防守配合，搭成默契防守的能力。

方法：在罚球区内 5 对 5，另有 3~4 名队员在罚球区外从不同的方向向罚球内门前传高球。守门员根据球的飞行路线与落点，在出击抢点防守拦截时大声喊出“我的”“闪开”等，以提示防守同伴协同防守。

要求：判断出击要准确，提示要及时，语言要清晰，声音要洪亮。传入罚球区的方向位置要不断变化，落点也要不断变化。

（二）发动进攻

1. 手发球给边后卫

目的：提高守门员快速准确发球组织进攻的能力。

方法：两个守门员，两名边后卫在罚球区的顶角的外侧边线处，两名教练员在罚球区外。教练员不断从两侧不同位置给守门员传球，守门员接到球后快速手发给异侧的边后卫队员，异侧边后卫接球后回传给同侧的教练员。依次不断变化传球方向和发球方向(图 7-2-10)。

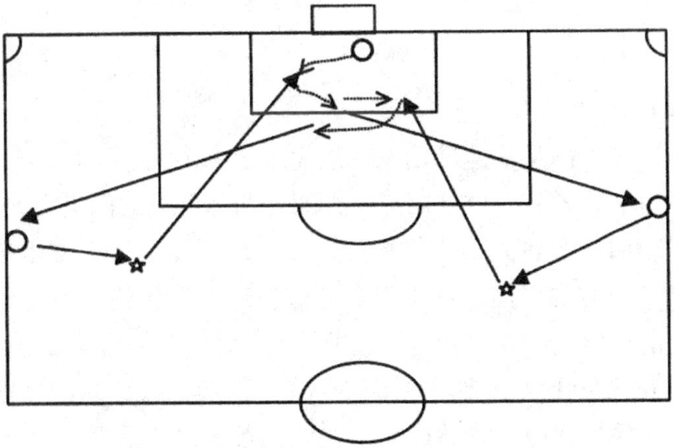

图 7-2-10

要求：守门员接球前要注意观察后卫的位置，接球后的发球要快速准确。练习一段时间后守门员交换练习。

2. 大力勾手发给边前卫

目的：提高守门员快速准确发球组织进攻的能力。

方法：两个守门员，两名边前卫在罚球区的顶角的外侧中线处，一名教练员在罚球区外。教练员不断给守门员传球，守门员接到球后快速手发给两侧接应的边前卫队员，边前卫接球后回传给同侧的教练员。依次不断变化传球方向和发球方向(图 7-2-11)。

要求：守门员接球前要注意观察后卫的位置，接球后的发球要快速准确。练习一段时间后守门员交换练习。

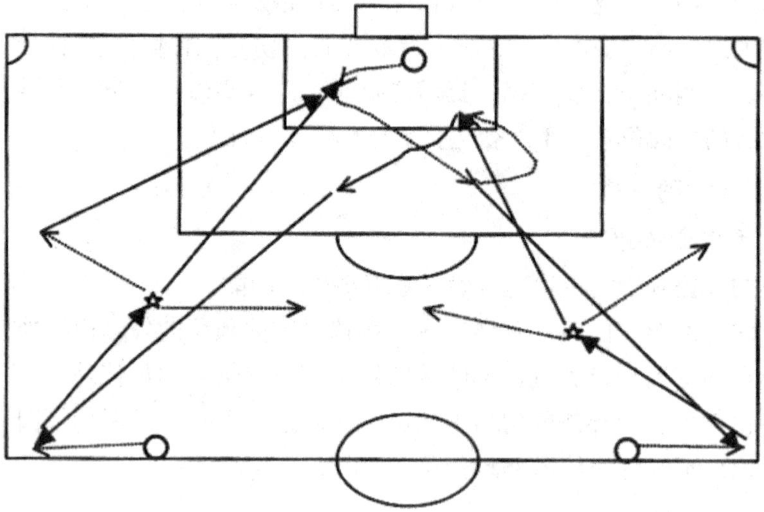

图 7-2-11

3. 脚发球给前场队员

目的：提高守门员快速准确发球组织进攻的能力。

方法：两个队各有一个守门员，在两个罚球区线之间进行 8 对 8 比赛。所有队员进攻时必须进入对方半场，防守队员则要退回本方半场。防守队的守门员接到对方的射门球或断得对方进攻球后，快速起脚发给在本方最前边的接应前锋队员，发动快速反击。

要求：守门员接球前要注意观察前锋的位置，接球后的发球要快速、准确，发出后要快速组织本队队员全线压上参与快速反击。

4. 3 秒发球

目的：提高守门员快速准确发球组织进攻的能力。

方法：两个队各有一个守门员，在半场内进行 8 对 8 比赛。防守队的守门员接到对方的射门球或断得对方进攻球后要在 3 秒以内快速发出：第一是给本方最有威胁的接应前锋队员，第二是最有利于发动快速反击的前卫队员，第三才是发给最安全的后卫队员。

要求：守门员接球前要注意观察本方队员和对方队员的位置，接球后的发球要快速、准确，发出后要快速组织本队队员全线压上参与快速反击。

参考文献

［1］何志林．足球教学训练工作指南［M］．北京：人民体育出版社，2010.

［2］王民享，吴金贵．现代欧美足球训练理念与方法［M］．北京：北京体育大学出版社，2010.

［3］郭潇．青少年足球战术训练设计理论研究［J］．北京体育大学，2011.

［4］何志林．足球［M］．北京：人民体育出版社，2004.

［5］肖林鹏．体育管理学［M］．北京：北京师范大学出版社，2011.

［6］马铮．高校足球学练方法解析［M］．哈尔滨：哈尔滨地图出版社，2009.

［7］曲晓光．现代足球训练理念诠释与应用［M］．广州：华南理工大学出版社，2009.

［8］谷明昌．现代足球理念［M］．北京：人民体育出版社，2005.

［9］程公．论足球后备人才培养的全面质量管理［J］．北京：北京体育大学出版社，2011.

［10］陆红．运动竞赛学［M］．北京：清华大学出版社，2005.

［11］黄竹杭，王方．足球训练设计［M］．北京：高等教育出版社，2010.

［12］张力为，毛志雄．运动心理学［M］．上海：华东师范大学出版社，2008.

［13］张英波．现代体能训练方法［M］．北京：北京体育大学出版社，2006.

［14］毛振明．新体育——教学设计与案例［M］．武汉：湖北科学技术出版社，2006.

［15］杨涛．关于高职院校足球教学的问题和对策浅析［J］．科教导刊，2011.

［16］朱伟强．体育教学设计［M］．上海：上海科学普及出版社，2004.

［17］刘亚云，黄晓丽．大球运动［M］．长沙：湖南师范大学出版社，2007.

［18］李吉慧．现代足球训练理论与实践［M］．北京：人民体育出版社，2008.

［19］张力维，毛志雄．运动心理学［M］．上海：华东师范大学出版社，2003.

［20］王崇喜．球类运动．足球(第三版)［M］．北京：高等教育出版社，2014.

［21］肖东君．内蒙古普通高校足球训练现状与对策研究［J］．内蒙古师范大学学报，2011（1）.

［22］汤信明．足球运动教学与训练［M］．武汉：华中科技大学出版社，2012.

［23］田麦久．运动训练学［M］．北京：高等教育出版社，2005.

［24］张庆春，龚喜军，刘文娟，等．中国青少年足球操作性训练理念的实践特征［J］．北京体育大学学报，2006（4）.

［25］邓运龙．训练观念及其导向功能［M］．北京：北京体育大学出版社，2005.

［26］毕岩智．足球技术历史变革及其发展趋势的初步研究［D］．扬州大学，2010.

［27］张国旗．浅谈现代足球整体训练［J］．山西煤炭管理干部学院学报，2006（02）.

［28］袁博，苏贵斌．青少年足球训练理念研究［J］．当代体育科技，2013（22）.

［29］王蒲．运动竞赛理论与方法研究［M］．北京：人民体育出版社，2008.

［30］陈德敏，蔡舸．足球［M］．北京：北京体育大学出版社，2003.6.

［31］刘丹．足球运动训练与比赛监控的理论及实证［M］．北京：人民体育出版社，2012.

［32］常智．体育管理理论与实践［M］．北京：北京师范大学出版社，2009.

［33］史贵名．创新教育在体育院校足球教学中的应用研究［D］．东北师范大学，2009.